新时代"三农"问题研究书系

新型农业经营主体金融支持体系研究

XINXING NONGYE JINGYING ZHUTI
JINRONG ZHICHI TIXI YANJIU

廖长峰 刘志慧 沈超群 ○ 著

西南财经大学出版社
Southwestern University of Finance & Economics Press
中国·成都

图书在版编目（CIP）数据

新型农业经营主体金融支持体系研究/ 廖长峰, 刘志慧, 沈超群著. —成都: 西南
财经大学出版社, 2022. 9
ISBN 978-7-5504-5489-7

Ⅰ. ①新⋯　Ⅱ. ①廖⋯②刘⋯③沈⋯　Ⅲ. ①农业经营—经营管理—金融
支持—研究—中国　Ⅳ. ①F324

中国版本图书馆 CIP 数据核字 (2022) 第 144387 号

新型农业经营主体金融支持体系研究
廖长峰　刘志慧　沈超群　著

策划编辑: 何春梅
责任编辑: 李　才
责任校对: 余　尧
封面设计: 何东琳设计工作室
责任印制: 朱曼丽

出版发行	西南财经大学出版社(四川省成都市光华村街 55 号)
网　　址	http://cbs. swufe. edu. cn
电子邮件	bookcj@ swufe. edu. cn
邮政编码	610074
电　　话	028-87353785
照　　排	四川胜翔数码印务设计有限公司
印　　刷	四川煤田地质制图印刷厂
成品尺寸	170mm×240mm
印　　张	11. 25
字　　数	208 千字
版　　次	2022 年 9 月第 1 版
印　　次	2022 年 9 月第 1 次印刷
书　　号	ISBN 978-7-5504-5489-7
定　　价	68. 00 元

前言

　　自党的十八届三中全会首次提出加快构建专业化、组织化、集约化、社会化相结合的新型农业经营体系以来，我国新型农业经营主体已有了长足发展，但新型农业经营主体在生产经营中所面临的融资难、融资贵问题仍是制约其发展壮大的关键因素。新型农业经营主体是我国现代农业发展和乡村振兴的主力军，是实现小农户和现代农业有机衔接的重要载体。农村金融有效供给是助推新型农业经营主体稳健发展的重要基石和有力保障。我国农业在现代化发展进程中面临较为严重的资金短缺、金融有效供给明显不足的问题，严重影响了农业现代化发展。因此，针对现代农业金融支持体系中的不足和薄弱环节，探索构建系统、完善的新型农业经营主体金融支持体系，增加农村金融有效供给，提升金融体系对新型农业经营主体的支撑作用，已成为深化现代农村金融改革和农业现代化发展以及乡村振兴战略实施的重要内容。

　　本书在对现有相关文献和资料进行系统梳理的基础上，把新型农业经营主体金融支持供需总量和结构不平衡以及融资难题作为研究的出发点，在对新型农业经营主体金融支持体系的现状和存在的问题进行梳理分析后，从深化农村金融供给侧结构性改革视角，系统地构建了新型农业经营主体金融支持体系，并对金融支持体系的各子系统进行研究和安排。本书内容共分为八章。

　　第一章是本书的导论。首先介绍了研究背景和意义；其次对国内和国外研究进行综合评述；最后对书中核心概念进行界定，对相关理论基础进行概述和归纳，搭建理论研究框架，为本书的研究奠定了理论基础。

　　第二章对我国新型农业经营主体金融支持供需现状、面临的融资难题和金融支持体系存在的问题进行深入分析。在此基础上，运用 DEMATEL

模型筛选出影响新型农业经营主体金融支持供给的关键因素，从而为后面构建新型农业经营主体金融支持体系提供思路并指明方向。

第三章在分析了影响金融支持供给关键因素的基础上，提出了构建新型农业经营主体金融支持体系的总体原则、期望实现的目标、具体构成体系（包括金融组织体系、金融产品和服务创新体系、信贷风险补偿体系）和各子体系之间存在的相互关系。

第四章对新型农业经营主体金融支持组织体系的构建和完善进行研究，提出了完善金融供给组织的基本原则、基本思路，明确了各种金融组织提高金融服务针对性的实施重点以及不同的金融供给组织形式。

第五章对金融产品创新支持新型农业经营主体进行研究。主要从信贷产品、土地金融、供应链金融、直接融资、互联网融资、融资租赁、社会化服务体系等方面进行研究，为新型农业经营主体提供有力的理论支持。

第六章介绍了健全新型农业经营主体金融支持中的信贷风险补偿机制。首先分析了构建信贷风险补偿机制的重要性和必要性，其次对风险补偿机制中的重要内容即完善农业保险体系进行了分析，最后提出加快完善风险担保体系建设和创新的"保险+期货"风险分担模式。

第七章是新型农业经营主体金融支持体系的配套政策支撑研究。要构建完善、高效的新型农业经营主体金融支持体系，充分发挥各种金融机构和金融工具的支持作用，还应该完善相关配套政策，主要是加大政府扶持和金融监管力度、强化不同金融机构间的协同配合、深化土地产权制度改革、完善农业社会化服务体系、进一步加强农村金融生态环境建设、健全新型农业经营主体的统计制度等。

第八章是主要结论与展望。

廖长峰　刘志慧　沈超群

2021 年 8 月 30 日

目　录

第一章　导论

第一节　研究背景及意义

一、新型农业经营主体是乡村振兴的主力军

改革开放后，我国农村实行了家庭联产承包责任制，个体农户经营成为我国主要的农业经营模式。党的十八大以来，随着农业持续发展，我国实行了土地"三权分置"，这是继家庭联产承包责任制后农村改革的又一重大制度创新。从改革开放到现在，我国农业生产经营组织主要包括三种。一是小农户，一般户均耕地面积5亩（1亩≈666.67平方米。下同）左右[1]。二是适度规模经营户，主要包括家庭农场、专业种养大户。三是农垦和兵团企业。在三种经营模式中，个体小农户的经营模式是我国主要的农业生产经营组织形式。小农经济虽然占比较大，但同其他农业生产经营组织形式相比，其生产方式落后、生产力水平低、抗风险能力弱等特点严重制约着劳动生产率的提高。随着工业化、城镇化的不断推进，农村人口老龄化、农民兼业化、农业荒芜化现象越来越突出。同时，在未来较长一段时间小农经营仍然是我国农业经营的主要模式。如何正确处理这种矛盾成为我国"三农"工作的重要着力点。基于这种实际，党的十九大报告指出：实施乡村振兴战略。这是应对我国新时代"三农"工作新特点的必然要求。2018年1月2日，《中共中央 国务院关于实施乡村振兴战略的意见》出台，指出要促进小农户和现代农业发展的有机衔接。统筹兼顾培育新型农业经营主体和扶持小农户，采取针对性的措施，把小农户生产引入现代农业发展轨道[2]。2019年2月21日，国家出台《关于促进小农户和现代农业发展有机衔接的意见》，指出要从引导小农户开展合作与联合、创新合作社组织小农户机制、发挥龙头企业对小农户带动作用等方面来提高小

农户组织化程度。因此，新型农业经营主体是实现联结小农经营和农业现代化的重要组织形式。一方面，新型农业经营主体代表现代化的农业生产方式，通过规模经营，使用现代化的生产方式和经营方式，能够极大地提高我国农业的劳动生产率，实现规模经济效应；另一方面，作为联结小农经营和现代农业的中介，以新型农业经营主体为依托，将小农户引入现代农业生产的轨道，能够不断提高我国小农经营的组织化程度、抗风险能力、劳动生产力。截至 2020 年 6 月底，全国农民合作社总数超过 220 万家①，且数量呈现不断上升趋势，新型农业经营主体已经成为我国实施乡村振兴战略的重要推动力量。

二、农村金融体系是乡村振兴战略的重要支撑

农村金融改革是我国农村改革的重要组成部分，也是我国实施乡村振兴战略的重要保障。1978 年改革开放以前，由于我国实行严格的计划经济，我国农村金融市场尚未建立。1978 年改革开放以后，我国农村金融体系主要经历了初步形成阶段（1978—1996 年）、农村金融深化改革阶段（1997—2004 年）、强化金融服务功能为主的改革阶段（2005 年至今）三个发展阶段[3]。在不同时期，农村金融体系都为农业、农村发展提供了极大的支持和保障。

在初步形成阶段，立足于提高金融供给数量。我国通过设立新的金融机构，以及调整原有金融机构的职能职责，初步构建起了政策性、商业性、合作性"三位一体"的农村金融体系。在这一阶段，中国农业银行恢复建立，农村信用社从中国农业银行剥离，恢复合作金融属性，中国邮政储蓄银行恢复办理储蓄业务，中国农业发展银行成立，农村合作基金会等新型金融供给模式出现，"三位一体"供给格局初步形成，构成了支持农业、农村发展的金融体系框架。

在农村金融深化改革阶段，以农村信用社改革为主，逐步规范政策性金融、民间借贷、商业性金融。在这一阶段农村信用社成为我国农村金融的主要供给者。为进一步发挥金融支农作用，2003 年《深化农村信用社改革试点方案》确立了"国家宏观调控、加强监管，省级政府依法管理、落实责任，信用社自我约束、风险自担"的改革原则。通过改革，农村信用社的支农职能进一步凸显，支农作用得到进一步发挥。

在强化金融服务功能改革阶段，主要是在继续完善农村金融供给结构和增

---

① 乡村振兴周报：全国农民合作社总数超过 220 万家（第 22 期）［EB/OL］.（2020-08-18）［2022-03-11］.https://www.sohu.com/a/413710514_120625034.

加供给数量的基础上，强化金融服务功能，以适应农村金融需求的多样化。农村金融机构的准入门槛逐步降低，民间资本等逐步进入农村金融市场，小额贷款公司、村镇银行、资金互助社等新型农村金融机构不断涌现。同时中国邮政储蓄银行成立，中国农业银行开始实施"三农事业部"改革，农村金融市场再次成为各类金融机构的重要工作领域。同时随着工业化、新型城镇化的推进，农业经营模式发生变化。传统的以家庭为单位的个体农户经营模式逐步转为规模化、集约化的生产经营模式，新型经营主体开始出现，导致原有的农业生产关系发生变化。农村金融体系在为新型农业经营主体提供金融产品、金融服务上开始发挥作用。

三、融资难制约新型农业经营主体发展

金融是现代经济的核心。新型农业经营主体作为我国农业现代化的重要主体，其发展离不开金融的支持，但是融资难制约了新型农业经营主体的发展领域。我国改革开放后实施大力推进工业化和城镇化战略，城市金融市场体系的发展速度远远快于农村金融市场体系，金融资源大量流入工商业和城市发展，使得大量金融资源脱离农村。新型农业经营主体的金融需求与其规模化生产相适应，具有以扩大再生产为主、资金需求规模大、资金需求期限长、资金风险大等特点。这些特点决定了新型农业经营主体难以通过民间借贷的方式来缓解其资金困境，需要统筹现有金融供给主体。因此，必须结合新型农业经营主体的特性，进一步完善现有农村金融供给体系。由于农业具有天生的弱质性，因此产生了农村金融需求不断扩大与农村金融供给远远不足之间的矛盾，这种矛盾尚未得到有效解决，迫切需要建立适应发展要求的新型农业经营主体金融支持体系。

四、理论意义和现实意义

从理论意义看，本书基于金融供需理论，对目前我国新型农业经营主体金融支持现状进行了分析，并对目前存在的问题进行了深入剖析。通过构建 DE-MATEL模型，对影响新型农业经营主体金融供给的因素进行了归纳分析，从中筛选出对新型农业经营主体金融供给影响最大的因素，构建新型农业经营主体金融支持体系和保障支持体系。从现实意义看，针对新型农业经营主体更具规模、更加集约、更有组织的特点，按照市场化原则，加大商业性金融支持力度，并构建以商业性金融为主、以政策性金融和合作性金融为辅的相互协调和互为补充的金融支持体系，是有效破解制约新型农业经营主体发展壮大的重要手段，能够极大地提高农业生产效率。

第二节 国内外农业经营主体金融支持研究

一、国外农业经营主体金融支持研究

国外学者很早就开始对农村金融、农业金融及农村金融服务等方面的研究。由于各国的经济体制和基本国情不同，国外学者未明确提出新型农业经营主体这一概念。国外研究多数集中在农村金融、农村金融发展中存在的问题及原因、农村金融服务组织体系构建等方面。

1. 农村金融研究

舒尔茨在《改造传统农业》中提出，发展中国家要想使经济快速增长，必须依赖农业的发展，而传统农业显然不具备这种能力，只有实现农业现代化才能实现[4]。帕特里克（Hugh T. Patrick）认为要正确分析农村金融市场，可以从两个角度即农村金融供给与金融需求出发来研究，农村金融需求论指出农村金融市场是在农民对金融产品和金融服务产生需求的基础上出现的，在农村金融市场产生和发展过程中，需求起到了主导作用。农村金融供给论则认为，农村金融机构对金融产品和服务的提供决定了农民的金融需求，即在农村金融市场上，农村金融机构起到了主导作用[5]。暹瓦拉等（Ammar Siamwalla, et al.）从非正规金融的视角对农村金融市场进行了研究，他们认为由于我国农村金融市场不完善导致农民从正规渠道难以获得金融支持，转而向非正规金融机构寻求解决办法。虽然非正规金融机构缺乏政府管制，但是由于农民对金融需求的迫切性，在农村，特别是发展中国家的农村，非正规金融的发展程度远远高于整体金融的发展[6]。孔达卡尔等（Shahidur R. Khandker, et al.）认为在农村金融市场上，正规金融与非正规金融在农业发展中都发挥着非常重要的作用[7]。麦金龙（Ronard I. Mckinon）认为由于金融机构的逐利性，农村金融市场与城市金融市场存在"剪刀差"。农村金融市场由于其天然的弱质性，金融市场化程度低，资源配置效率低，达不到帕累托最优效应[8]。杰索普等（Reuben Jessop, et al.）指出金融供给体系中包括商业银行、农业发展银行、小额信贷及使用者自身的金融机构、价值链、租赁、非正规金融机构、农业保险、担保资金、公共的和捐赠的资金。价值链是农业最重要的金融源，不同价值链合作伙伴可以使用不同的金融机构和金融服务。发展中国家主要依靠非正规金融满足金融需求[9]。

2. 农村金融发展问题研究

国外学者普遍认为，在发展中国家普遍存在"金融抑制"。他们认为，发展中国家的政府对金融实施过多的干预，阻碍了金融的正常发展，在政府的金融抑制下，金融资源更多地流向城市，同时政府采用利率、汇率等措施也导致金融资源不能实现帕累托最优。研究农村金融管理体制的学者认为，政府对农村金融市场的干预降低了金融活动的效率，导致农村金融市场的利率被政府的行政手段扭曲，国有金融趋于垄断性经营，使得农村金融市场上的资金需求与资金供给出现严重的不对称。施里德尔和海德惠斯（Gertud Schrieder & Franz Heidhues）认为发展中国家农村金融市场发展迟缓。这一方面是由于政府对金融进行干预，另一方面是农村金融市场不健全、产权制度不明晰等原因导致了金融机构惜贷，不愿意在农村地区布局金融发展。查里托尼科（Stepanie Charitonenko）认为在农村地区政府对金融发展进行干涉会影响农村金融市场的发展。政府在农村金融市场发展中应处于辅助地位，不应占据主导地位。同时，政府的职能应该更多放在服务农村金融市场发展、通过制度性手段来规范农村金融市场发展上，而不是直接干预。瓦塔拉（Korotoumo Ouattara）等认为在发展中国家存在的银行集体借贷，在缓解发展中国家农村金融需求方面起到了很大的作用，但也存在一定的弊端，如规模过小、产权不明晰等问题，从长远发展来看，必然会被正规金融替代[10]。

3. 农村金融服务组织体系研究

多数国外学者认为，政策性金融、商业性金融、合作性金融及其他金融组织共同构成农村金融组织体系。在 20 世纪初，一些西方学者就开始研究农村合作性金融，并逐渐形成了比较完整的农村合作金融理论体系，主要包括传统型、市场型及整合型农村合作金融理论。由于农业生产发展关系的不断变化，市场型农村合作金融理论逐渐取代传统型农村合作金融理论，并成为主流理论。国外学者目前的研究已突破农村合作金融的范围，聚焦农村商业性金融和各种非正式的农村金融组织。瓦基利（Abba M. Wakili）通过构建计量模型研究得出，基于最优化契约的商业性组织形式的运行效率要高于合作性金融组织[11]。瓦莱西和马内利（M. Vallesi & A. Manelli）通过研究认为在农业领域从事正规金融供给存在诸多局限，发展适度规模的非正规农村金融组织能够有效增加农业生产主获得更多融资的机会[12]。本迪格和吉斯贝特（Mirko Bendig & Lena Giesbert）研究得出，满足农村金融需求的三个要素（贷款、保险和储蓄产品），不仅可从正规金融组织获得，还可通过非正规金融组织获得，关键在于农业生产者的偏好和具备的融资条件[13]。

二、国内新型农业经营主体金融支持研究

国内学者对农村金融市场和农村金融存在的问题、农业经营主体金融需求和供给等方面进行了广泛研究。随着新型农业经营主体这一概念的提出，学者对新型农业经营主体金融支持体系的研究逐渐兴起，对金融支持新型农业经营主体的产品和服务创新研究也渐渐丰富。

1. 农村金融市场供需研究

朱守银、张照新、张海阳等通过问卷调查对安徽亳州和阜阳的 6 个县 18 个村 217 家农户借贷的来源渠道、资金用途、行为方式进行研究，指出随着农业银行商业化和合作基金会整顿，农村金融市场上唯一的正规金融机构只有农村信用社，这必将会对农户借贷渠道和行为带来较大影响[14]。鞠荣华、宗成峰、韩青通过问卷调查方式对农户、农村企业、农村金融机构的资金需求和供给状况进行分析和研究后得出：农村大量资金被农村正规金融机构吸走，农户和农村企业的资金需求规模较大，中国农业银行和农村信用社等正规金融机构仅能满足小部分资金需求，大部分资金缺口要靠民间资金来补充；要弥补农村金融市场的资金供给缺口，需要放松对金融机构和金融业务的管制、培育多种所有制的农村金融机构并提高其运行效率[15]。李启宇、何帆、李玉妮指出农地流转对于实现农地规模经营、推进现代农业发展具有重要意义，但是传统的自给自足或民间借贷难以满足农地规模经营的资金需求，需要金融大力支持[16]。屈晓娟对我国结构转型期的农村资金需求与供给主体的特征和农村资金供给现状及存在的问题进行深入研究后，从建立多层次金融机构、建立资金回流机制、开发金融创新产品、完善法律体系等方面提出了完善农村金融支持体系的合理、有效对策[17]。阚立娜、李录堂、文龙娇指出目前新型农业经营主体实现土地流转和规模经营的资金主要来源于财政补贴、整个金融机构的银行信贷、民间借贷等。三种方式分别通过影响土地流转市场、农户流转行为、流转成本来源来影响土地流转效率。三种方式对土地流转效率的影响不一[18]。何广文、何婧认为农业供给侧结构性改革中融资需求呈现六大特征：融资需求范围和规模显著扩大；导致传统农业农村融资格局转变；金融服务需求更加多元化；政策性金融需求显著增加；线上线下结合的模式推进；对政府农业投融资机制创新的需求增加。他们还从金融供给和金融需求两个方面提出了对策建议[19]。

2. 新型农业经营主体融资研究

黄祖辉、俞宁认为新型农业经营主体因授信担保困难、申请手续繁复、隐

性交易费用高等问题存在资金融通方面的困难,要破解融资难题应该在农村金融制度方面进行改革,支持各类民营金融机构在农村基层建立农业信贷网点[20]。同时,要建立新型农业经营主体的抵押、担保、信用体系。杨亦民、叶明欢从自身特征、金融体系和农村金融环境三个方面分析了现代农业经营主体培育的金融支持所面临的主要困境,并从六个方面提出培育现代农业经营主体的金融扶持措施:建立农村土地流转市场、加强农村金融组织建设、创新融资工具、加大融资政策支持、优化农村金融生态环境和扩大农业保险范围[21]。谢玉洁认为新型农业经营主体多频度、多层次的资金需求与农村信用社相对滞后、弱化的信贷供给日渐失衡,亟须通过四项金融创新来破解融资困局,即:加强制度创新,提高金融服务水平;加快机制创新,优化金融生态环境;推进产品创新,扩展涉贷领域和范围;开展模式创新,丰富抵押担保方式[22]。孙立刚、刘献良、李起文通过对吉林珲春、陕西眉县等地的实地调研发现,新型农业经营主体在向规模化和现代化发展的过程中,其金融需求特点不同于传统农户。针对新型农业经营主体的融资需求,相关金融机构在金融产品、抵押担保和服务方式等方面进行了创新,但也面临外部环境发展不完善、内部相关政策不配套、抵押担保难等问题。他们从制度政策和抵押担保、业务流程、风险防控等方面提出了做好新型农业经营主体金融服务的对策建议[23]。林乐芬、法宁通过对江苏省460家新型农业经营主体的调查得出,新型农业经营主体的金融需求未得到有效满足,且资金缺口普遍在10万元以上。通过实证分析,从新型农业经营主体(影响因素主要包括:经营规模、受教育程度与是否聘请技术人员、是否经过相关部门对资质的认定和审批、对金融需求的额度和期限等)、金融机构(影响因素主要包括:是否需要抵押品、是否允许多种方式的联合抵押和是否允许土地承包经营权以及住房等抵押、是否提供具有针对性的信贷融资产品和服务)以及政府(影响因素主要包括:是否提供支农资金担保、是否开展农村征信体系建设等)三个角度对新型农业经营主体金融需求的影响因素进行了分析[24]。汪艳涛、高强、苟露峰从不同类型金融机构对新型农业经营主体的作用进行了实证分析。研究表明,不同类型金融支持对新型农业经营主体的作用不同。政府提供的通用型金融由于较为分散、资金规模有限,能够对资金需求量较小的家庭农场、合作社、种养大户起到一定的促进作用,但是对资金需求量较大的农业企业的作用不显著[25]。农村金融研究课题组通过对银行自身支持新型农业经营主体的情况进行深入分析,有针对性地提出了金融机构服务新型农业经营主体的具体路径[26]。

3. 农村金融支持体系研究

李海平认为农村金融是现代农村经济的核心，要发挥市场在农村金融资源配置中的基础性作用，建立和完善货币和财税政策支持体系，建设商业性、政策性、合作性金融供给体系，同时要加强农村金融组织体系建设[27]。张荣琴以哈尔滨为例，通过研究指出农村金融服务存在的主要问题是经营主体较为单一，农村资金外流现象十分严重，农村金融服务面比较狭窄，仅能满足部分小额贷款的需求，应该加强农村金融服务结构设计、建立农村保险风险保障机制、积极尝试发展现代化农产品期货市场，从深层次完善农村金融服务体系[28]。张峰、肖文东通过研究美国、德国等发达国家农业产业化融资体系的发展模式，认为政府应大力支持农业金融，大力发展互助合作金融，建立农业保险制度，构建规模适度、分工不同、服务创新的多元化金融组织体系[29]。冯兴元、孙同全分析了农村金融的发展现状与问题，结合国内外农村金融发展经验，就如何健全金融支农组织体系以支持实施乡村振兴战略提出思路与对策，构建包括商业、合作和政策性分工协作的支农金融组织体系，对小额贷款公司进行改革，发展合作性金融，促进互联网金融合规运营和稳健发展，加快出台非存款放贷组织管理条例，等等[30]。肖福英认为通过强化金融机构间的合作关系，即加强银行与银行、银行与保险、银行与担保、银行与小额贷款公司之间的合作，促进农村金融体系的构建与完善，能有效推动新型农业经营主体发展壮大[31]。

4. 新型农业经营主体金融支持产品和服务创新研究

张启文、黄可权运用新制度经济学理论研究指出，要破解新型农业经营主体融资难、融资贵的难题，降低交易费用，消除信息不对称，就需要构建农村产权融资体系、完善农村金融组织体系、大力推进农村金融产品开发和创新、加大农村金融设施建设、拓展融资渠道、健全相关配套制度和政策[32]。江维国认为互联网金融融资可能成为新型农业经营主体融资的新渠道，并根据现有互联网融资的四种主要模式，提出了新型农业经营主体利用互联网融资的模式：P2P 网络信贷融资模式、基于大数据小额贷款融资模式、众筹平台融资模式、供应链融资模式[33]。杨大蓉在对浙江省新型农业经营主体金融创新策略的研究中提出了"内生金融组织"的概念。内生金融组织是指在农业生产过程中，新型农业经营主体由于生产经营过程中的需要自发形成的一种组织。相比正规金融机构的信贷，由于具有地缘优势，内生金融组织能够更好地掌握借款人的信用状况，减少信息不对称导致的"逆向选择"和道德风险。同时，由于地缘关系形成的"人情"关系，也降低了违约的可能性，所以内生性金融组织能够很好地实现农村闲散资金的利用[34]。何广文、王力恒指出，互联网时代的发展为农业产业链金融服务的推进提供了空间，并提出农业产业链融资的新模式[35]。钱仁汉、解红、侯瑞提出了土地流转信托这种新的金融支持方式。这种方式将土地经营权委托给信托公司，信托公司再引入新型农业经营主体，并最终实现新型农业经营主体的规模化经营。信托公司在其中充当了中介和桥梁的作用[36]。

三、简要述评

国内外学者对新型农业经营主体（农业主）金融支持的研究侧重点有所不同。国外学者研究的重点在农村金融供给及存在的问题、构建农业金融服务组织体系等方面，这些研究成果对构建我国新型农业经营主体金融支持体系具有一定的借鉴意义。国内学者研究的重点在农村金融市场供需问题、新型农业经营主体融资问题、农村金融支持体系和新型农业经营主体金融支持产品和服务创新研究等方面。其中不少研究围绕破解新型农业经营主体融资困境和提供金融支持展开，有很多观点是经过实践探索总结形成的，为进一步研究新型农业经营主体金融支持体系奠定了基础。

经过对国内外研究的综合梳理，发现现有研究主要集中在新型农业经营主体金融供需分析上——要么对某一类新型农业经营主体金融支持进行研究，要么对各类性质的金融组织支持新型农业经营主体进行研究，有待从系统的角度将各类新型农业经营主体作为整体来分析研究，并对其提供各类金融支持的体系进行系统研究，从而构建一个系统、完整的新型农业经营主体金融支持体系。

此外，现有文献多数对新型农业经营主体信贷产品和服务创新展开研究，但是对新型农业经营主体金融支持体系中的供应链金融、土地金融、融资租赁、互联网金融等的研究相对不足，对创新完善金融支持体系的金融产品和工具的研究有待于进一步拓展。

第三节　相关概念界定

新型农业经营主体金融支持体系研究是一项涉及面广且较复杂的探索性研究，在结合我国现实的农村金融供需状况研究新型农业经营主体金融支持体系之前，需要对相关的核心概念进行界定、对相关理论进行梳理分析，使理论与实践相结合，用理论指导实践，保证研究的科学性和严谨性。

一、新型农业经营主体

党的十八大报告指出，要"坚持和完善农村基本经营制度，依法维护农民土地承包经营权、宅基地使用权、集体收益分配权，壮大集体经济实力，发展农民专业合作和股份合作，培育新型经营主体，发展多种形式规模经营，构建集约化、专业化、组织化、社会化相结合的新型农业经营体系"。这里首次提出了"新型农业经营体系"，同时也为我国新型农业经营主体发展指明了方向。

党的十八大以来，每年的中央一号文件都对新型农业经营主体的发展做出了安排和部署。2013年中央一号文件指出：农业生产经营组织创新是推进现代农业建设的核心和基础，要尊重和保障农户生产经营的主体地位，要培育和壮大新型农业生产经营组织，充分激发农村生产要素潜能。2014年中央一号文件指出：扶持发展新型农业经营主体，鼓励发展专业合作、股份合作等多种形式的农民合作社。2015年中央一号文件指出：要加快构建新型农业经营体系，鼓励发展规模适度的农户家庭农场，引导农民专业合作社拓宽服务领域，引导农民以土地经营权入股合作社和龙头企业，鼓励工商资本发展适合企业化经营的现代种养业、农产品加工流通和农业社会化服务。2016年中央一号文件指出：坚持以农户家庭经营为基础，支持新型农业经营主体和新型农业服务主体成为建设现代农业的骨干力量。2017年中央一号文件指出：要大力培育新型农业经营主体和服务主体，通过经营权流转、股份合作、代耕代种、土地托管等多种方式，加快发展土地流转型、服务带动型等多种形式规模经营。2018年中央一号文件指出：促进小农户和现代农业发展有机衔接，统筹兼顾培育新型农业经营主体和扶持小农户，采取有针对性的措施，把小农生产引入现代农业发展轨道。2019年中央一号文件指出：以家庭农场、农民合作社为重点培育各类新型经营主体。2020年中央一号文件指出：重点培育家庭农场、农民合作社等新型农业经营主体，培育农业产业化联合体，通过订单农业、入股分红、托管服务等方式，将小农户融入农业产业链。2021年中央一号文件指出：突出抓好家庭农场和农民合作社两类经营主体，发展壮大农业专业化社会化服务组织，支持农业产业化龙头企业创新发展、做大做强，深化供销合作社综合改革。从历次中央一号文件对新型农业经营主体的发展定位和发展要求来看，其呈现出以下几个特点：一是逐步明确新型农业经营主体的构成。在党的十八大报告和2013年中央一号文件提出新型农业经营主体后，2014年提出了农民专业合作社，2015 年提出了发展家庭农场以及提供社会服务，新型农业经营主体的构成内容不断明晰。二是理清了小农户和新型农业经营主体的关系。从最初的大力发展培育新型农业经营主体，到 2018 年的统筹兼顾培育新型农业经营主体和扶持小农户，这是对我国农业生产特殊性的进一步认识和体现。家庭经营现在以及未来较长一段时间内都是我国农业生产经营的主要组织形式，而新型农业经营主体是连接小农户和现代农业的纽带，二者不可顾此失彼。

（一）新型农业经营主体

关于新型农业经营主体，孔祥智认为新型农业经营主体是指近年来通过土地流转形成的直接从事第一产业生产和经营活动的农业经济组织，从组成形式来看，主要包括专业种植和养殖大户、家庭农场、合作社、农业龙头企业等[37]。张红宇从组织属性出发，将新型农业经营主体分为家庭经营型、合作经营型、企业经营型，家庭经营型包括专业大户、家庭农场、生产服务专业化，合作经营型主要是指各类专业合作社，企业经营型指各类龙头企业[38]。李明贤、樊英将新型农业经营主体分为专业大户、家庭农场、合作社、农业企业和农民专业技术协会及各经营性农业社会化服务机构，不同类型的新型农业经营主体在产业链中的主要环节不同[39]。孟丽、钟永玲、李楠认为经营性农业服务组织一般注册为合作社或农业企业，因为单独的一种新型农业经营主体组织形式容易造成重复统计。因此，新型农业经营主体应不含农业社会化服务组织，仅包括专业大户、家庭农场、农民合作社和农业龙头企业四大类[40]。

农业服务性组织，由于其普惠性特征，既服务于新型农业经营主体，又对其他农户提供农业服务。同时，农业服务性组织与其他新型农业经营主体在农业产业链中所处的环节不同，农业服务性组织涵盖了农业产前、产中、产后的生产、信息、金融、销售全环节，而其他类型的新型农业经营主体主要围绕农业生产的某一环节组织农业生产经营活动。2019 年中央一号文件明确提出要发展乡村新型服务业，支持供销、邮政、农业服务公司及农民合作社等开展农技推广、土地托管、代耕代种、统防统治、烘干收储等农业生产性服务。由此可见，农业服务性组织应包含但不限于新型农业经营主体。因此，新型农业经营主体从构成上看，应包括农业种植养殖大户、家庭农场、农业专业合作社、农业产业化龙头企业和农业社会服务组织。

（二）新型农业经营体系

关于新型农业经营体系，赵海认为新型农业经营体系是在坚持农村基本经营制度的基础上，顺应农业农村发展形势的变化，通过自发形成或政府引导形成的各类农产品生产、加工、销售和生产性服务主体及其关系的总和，是各种利益关系下的传统农户与新型农业经营主体的总称。新型农业经营体系是传统小农经济的对称[41]。孟丽、钟永玲、李楠指出新型农业经营体系是在我国以家庭承包经营为基础、统分结合的双层经营管理体制基础上的进一步发展。双层经营管理体制在设立之初对于调动农民生产积极性、提高农业生产效率起到了极大的促进作用。然而，随着经济社会的发展，农业生产经营出现了一些新的特点。伴随工业化、城镇化进程出现的农村人口大量转移到城市，出现了农村空心化、务农老龄化、要素非农化、农民兼业化、农民副业化的"五化"特征，农业生产经营出现了高成本和高风险的"双高"特征，此外还面临着资源环境约束紧、青壮年劳动力紧缺的"双紧"制约[42]。正是在这种形势下，党的十九大报告提出要构建现代农业产业体系、生产体系、经营体系，完善农业支持保护制度，发展多种形式适度规模经营，培育新型农业经营主体，健全农业社会化服务体系，实现小农户和现代农业发展有机衔接[43]。

新型农业经营体系是依托新型农业经营主体产生的，围绕农业生产、加工、销售、服务等农业生产经营环节形成的各种体系。这种体系是在新型农业经营主体这种新的组织形式基础上产生的，其生产经营的各个环节也体现着新型农业经营主体的特征。

（三）新型农业经营主体的主要特点

新型农业经营主体代表农业现代化的方向，是乡村振兴战略实施的主力军。根据《新型农业经营主体发展指数调查报告》，新型农业经营主体具有如下特点：一是受教育程度更高。传统的农业生产经营者多数为老人、妇女等，文化程度低，农业知识缺乏，从事农业生产经营活动多数依靠经验。与此相对应，新型农业经营主体受教育程度高。调查显示，新型农业经营主体中家庭农场负责人中拥有大专及以上学历者占7.29%，农民专业合作社中拥有大专及以上学历者占13.29%，龙头企业中拥有大专及以上学历者占38.29%，普遍高于第六次全国人口普查得出的乡村人口中18岁以上人口中拥有大专及以上学历者仅占2.43%的水平。受教育程度更高的新型农业经营主体为农业生产经营提供了素质更高的人力资源。二是更加年轻化。我国农村生产经营面临老龄化的危险，2015年一项调研结果显示，农村从业人员中60岁以上人员的占比达到了18%，而调查的样本——新型农业经营主体负责人中60岁以上人员的占比仅为7%。同时，新型农业经营主体中男性占比较高。调查显示，龙头企业、家庭农场、专业合作社中60岁以下男性的占比分别达到了81%、83%和87%。三是生产经营规模化。调查样本显示，2015年新型农业经营主体总资产价值平均达到了 746.17 万元，并呈现出明显的上升趋势。规模经营能够降低农业生产成本，提高经营效率。数据显示，新型农业经营主体 2015 年的平均利润达到了 68.76 万元，仅有 1.41% 处于亏损状态。四是技术推广主力军。相比单个农户，新型农业经营主体更加重视技术创新和新技术的应用，成为农业现代化中技术推广的主力军。调查显示，38% 以上的新型农业经营主体为农户提供过技术指导。五是带动效应强。2015 年调查样本显示，新型农业经营主体带动的农户的数量平均为 248 户，与农户构建的利益联结机制在农户带动、金融支持、技术支持、信息支持、公共物品供给、就业带动、标准化生产、三产融合、涉农业务等方面都起到了极大的带动作用。除了对成员的带动，还产生了溢出带动效应。如样本专业合作社中，向非社员提供过农业生产资料购买、农产品销售、农产品加工、运输及储存、良种引进和推广服务、农业技术培训的专业合作社比重依次为 25%、37%、13%、17%、26%、37%。当然，不同类型的新型农业经营主体还具有不同的特点。

1. 专业种养大户

专业种养大户是我国现行家庭联产承包经营模式的升级，它是以户为单位的家庭承包经营形式。其特点主要包括：一是主要处于农业产业链的生产环节，销售主要依赖其他组织和机构；二是专业种养大户以某一种农副产品的种植或养殖为主，专业性较强，该类农副产品的种养收入占家庭总收入的一半以上；三是农业种植养殖大户的生产方式较为先进，一般采用现代机械化生产方式，劳动生产率较传统的小农小户生产方式有所提高。考虑到区域的差异性，目前国家对农业种养大户没有统一的标准，一般根据各个地方的实际情况来确定。

2. 家庭农场

家庭农场是专业种养大户的进一步升级。家庭农场中的劳动力仍以家庭劳动力为主，且家庭农场的收入是家庭的主要经济收入来源。家庭农场由于规模较大，能够发挥对个体农户、专业种养大户的示范作用，是新型农业经营主体的重要主体。家庭农场有如下几个特点：一是处于农业产业链的生产环节，由于规模较大，在销售中具有一定的主动性。二是家庭农场劳动生产率较高。由于规模较大，家庭农场能够利用现代化的机械手段开展农作活动，极大地提高了农业生产效率，实现了土地规模经营。三是家庭农场一般与现代化的循环农业、生态农业共同推进。同专业种养大户相比，家庭农场除了规模较专业种养大户更大之外，种类也更加丰富。在规模上，受不同地区的区域特征限制，不同地区的家庭农场规模差别较大。例如在东北平原，由于地形平坦，农业发展历史悠久，一些家庭农场的规模达到了上百公顷。

3. 农业专业合作社

农业专业合作社是指在家庭承包经营的基础上，围绕农产品的生产、加工、销售及后期的运输、储存、技术服务、信息服务等形成的互助性组织。成员之间以互助为目的，自愿联合、相互扶持，拥有一定的组织架构，成员享有一定的权利，承担一定的责任。农业专业合作社的成立改变了个体农户单打独斗的弱势地位，增强了整体的竞争力和抗风险能力。其特点主要包括：一是组织性。农业专业合作社突破了农户的个体局限，且农户自愿加入，具有一定的组织性。合作社能够为成员提供统一的原材料供应、市场销售及科技、信息等服务，提高了农户的竞争力和抗风险能力。二是民主性。专业合作社不以盈利为主要目的，成员自愿加入，具有一定的民主性。三是范围广。农业专业合作社涉及农业产业链的生产、加工、销售及后期服务整个环节。在前端为农户提供统一的原材料、生产要素等购买服务，在生产环节提供技术服务，在销售环节直接对接超市、企业等销售主体。四是承担了市场中介的职能。农业专业合作社充当了农户和市场的中介，一方面降低了单一农户对接市场的交易成本，另一方面能够根据市场需求更好地指导农户的生产，提高了成员在市场上的交易地位。

4. 农业产业化龙头企业

农业产业化龙头企业区别于其他类型新型农业经营主体的最主要特征是其直接与市场对接[44]。农业产业化龙头企业同个体农户相比，由于其具有雄厚的资金实力，能够直接对接市场，通过各种利益联结机制将农户与市场联系起来，为农户提供原材料供应、农业物资供应、生产技术指导、产后技术销售等服务，将农产品生产、加工、销售统一起来，提高了农业生产经营效率。其特点主要包括：一是提高了市场竞争力。农业产业化龙头企业可以直接对接市场，提高了农业生产经营活动的市场化、组织化、专业化程度，有效降低了单一农户面对市场的不确定因素和较高的市场风险。二是有利于农村产业融合。农村产业融合即农村一二三产业融合发展，通过农业与农村二三产业的融合渗透和交叉重组，能够实现产业跨界融合、要素跨界流动、资源跨界配置，激发新的市场需求[45]。在农村一二三产业融合发展的过程中，农业产业化龙头企业是重要的组成部分，是我国连接小农户和大市场的重要力量。

5. 农业社会服务组织

农业社会化服务组织主要是为农业生产的各个环节提供全方位社会化服务的组织，是社会分工进一步细化的结果。同时，农业社会化服务组织是引导小农户开展适度规模经营、逐步走向现代农业的重要力量。从国外发达国家新型农业经营主体的发展过程看，随着农业经营主体和市场的不断发展，农业生产社会化组织呈现不断强大的趋势。农业社会化服务组织的产生具有如下积极作用：一是有利于实现小农户和现代农业的连接。农业社会化服务组织的产生，能够促进个体农户与规模经营组织之间的连接。个体农户通过农业社会化服务组织，能够享受原材料采购、农业机械化操作等服务，有利于进一步提高他们对生产模式、经营模式等的认知，有利于他们接受新的生产方式，实现向规模经营的转变。二是提高我国农业竞争力。按照2017年农业部、国家发改委、财政部出台的《关于加快发展农业生产性服务业的指导意见》，农业生产性服务组织未来将在农业市场信息服务、农资供应服务、农业绿色生产技术服务、农业废弃物资源化利用服务、农机作业及维修服务、农产品初加工服务、农产品营销服务七个方面加大发展力度[46]。通过发展这些重点领域，能进一步提高农业的抗风险能力、适度规模经营能力，最终提高我国农业的竞争力。

二、农村金融

农村金融是金融在农村的全部生产活动的体现。农村金融不能简单地认为是农村与金融两个概念的叠加。李海峰从交易的角度出发研究得出，农村金融是各经济主体的交易行为，即各经济主体利用信用工具，有偿使用资金的经济系统及运动形式。从功能角度出发，农村金融是农村经济发展的金融动力，其内部应包含复杂多样的金融产品和服务[47]。从上述概念可看出，农村金融是一个广义的范畴，是服务农村各种金融和信用活动的总称。因此，农村金融应定义为包括农村金融功能、农村金融组织、农村金融产品和金融服务、农村金融监管、农村金融扶持等多个内容的金融活动。农村金融具有区别于其他金融活动的显著特征，主要包括以下两个方面。

一是农村金融的存贷不均衡性。从金融机构在农村的现有信贷业务看，其主要吸收存款，而在发放贷款方面远远不能满足农业、农村、农民的金融需求，这主要是由农业生产活动的弱质性决定的。农业生产活动受自然灾害、市场行情、农产品供需市场等多种因素的影响，具有投资回报期长、投资回报率低、投资回报不确定因素较多等特点。同城镇居民相比，由于农村居民具有社会信用体系缺失、偿贷能力低、信息不对称等特点，金融机构普遍存在惜贷现象。正是由于上述种种原因，农村金融活动与农村金融需求同其他类型的金融活动与金融需求相比，具有较大的不同，因此需要从单独的视角进行研究。

二是农村金融活动的区域不平衡性。农村金融活动与当地经济发展水平具有直接关系，在我国这主要表现在东部发达地区和中西部欠发达地区农村金融发展的地域差异上。东部沿海地区经济发展水平高，能够为金融发展提供良好的生态环境，因而金融发展水平较高，金融的发展又会促进经济的发展，二者相互促进，形成良性循环。而中西部地区经济发展水平滞后于东部地区，金融机构进入意愿不高，农村金融市场发展不完善，被为数不多的金融机构垄断。

三是政策性金融占主导地位。在我国农村金融体系中，政策性金融机构占据了主导地位，市场作用发挥比较有限。我国初步形成了财税、货币、监管政策等相结合的农村金融扶持体系，一定程度上弥补了市场失灵带来的农村金融供给缺失，但也进一步恶化了农村金融环境，加剧了市场失灵问题。

四是非正规金融在农村金融市场上占重要地位。非正规金融是指处于监管当局监管之外的金融市场和金融交易活动。非正规金融在农村金融市场上发展起来具有一定的原因。非正规金融同正规金融相比，具有掌握的信息更充分、获得手段更灵活、融资成本较低等特点。非正规金融一般为借贷双方之间的简单约定或合同约定，形式简单，且多数不需要利息或利息较低；偿还期限较为灵活；偿还方式可以是一次性还清，也可以是分期支付，甚至推迟还贷。正是因为非正规金融具有众多优势，所以其在农村金融市场上占据了重要地位。清华大学教授刘玲玲通过大量的调查分析，撰写了《中国农村金融发展研究报告》。该报告指出，非正规金融在农村金融市场上已经成为重要的交易手段，占整个农村金融市场的比例超过 50%。农民大量通过非正规金融渠道获得资金，满足自身生活、生产的需要。但也应看到，由于缺乏有效监管，非正规金融风险防范能力较低，在实际操作中存在一定的风险。

五是农村金融活动的高风险性。农村金融活动的高风险性主要由农业生产经营活动的高风险性决定。农业生产经营活动不仅面临着较大的市场风险，还面临着天灾人祸等风险。此外，农业生产经营活动的生产周期长、不确定因素多以及资金需求量大等特征，都决定了农村金融活动的高风险性。

三、金融支持体系

关于金融支持体系，中国人民银行前行长周小川在 2004 年首先提出"金融生态"和"金融生态环境"两个名词。他认为金融生态环境包括经济环境、法制环境、市场环境、制度环境、信用环境等方面，是会对金融活动产生影响的外部环境[48]。金融体系最主要的功能是在一个不确定的环境中，便于资源在时间和空间上的配置，主要包括提供清算和支付手段、动员储蓄、配置资源、提供风险管理、提供信息处理以及监督经营者并解决激励问题[49]。金融支持体系能将金融机构、金融产品、金融服务等资源集中和统筹起来，通过资源的统筹发挥更大的作用，更好地服务经济发展，提高经济发展效率[50]。梁曙霞、李秀波对科技型中小企业金融支持体系进行分析，认为科技型中小企业金融支持体系是一个完整的系统，符合系统学的一般规律。首先，这个系统包括相关的主体，如金融机构、政府职能部门、企业等。其次，这个体系是协同的，各个主体之间通过资金、合作等各种形式实现资源流动和互动，从而最终实现对科技型中小企业的支持[51]。杨宜、徐鲲、王俊文通过对亚洲科技园区金融支持体系的对比分析得出了他们的共同特点。一是立足实际。各国都依据自身的条件和特点，建立符合自身实际的资金筹措体系，这一体系是各国立足原有金融系统进行完善的结果。二是内容完善。政策支持体系基本上包括了政策性金融、商业性金融、风险投资体系等，能够集中最广泛的力量为园区发展提供支撑。三是在各类金融机构和主体中，政府的支持和保障作用非常重要，能够对其他类型的金融机构起到引导作用[52]。张霞以家庭农场这一特定的新型农业经营主体为例，指出家庭农场金融支持体系是为了解决家庭农场在发展过程中资金短缺问题，组合不同金融机构形成金融组织结构而进行的制度安排[53]。许爱萍、沈英莉从家庭农场这一特定的新型农业经营主体出发，认为家庭农场的金融支持体系除了满足家庭农场的融资需求外，还需要关注农场金融对发展农村经济、健全农村金融体系等目标，最终发挥农村金融支持体系对农业经济发展的促进作用，这就是广义的农村生态环境[54]。

对不同领域来说，金融支持体系有不同的构成，但是也有其共同点。这主要表现在以下几个方面。

一是金融支持系统是一个完整的体系。金融支持体系既包括金融本身，也包括保障金融作用发挥的相关体系。金融支持体系是一个复杂的系统。首先，金融机构是构成金融支持体系的重要主体，也是金融供给的重要主体。其次，金融支持体系有其客观的、外在的表现形式，也就是金融支持体系的内容，如金融产品、金融服务等。最后，要确保金融支持体系作用的发挥，需要构建配套支撑体系，如金融生态环境、金融硬件设施等。

二是金融支持体系与经济发展密切相关。金融体系是经济体系的重要组成部分，与经济发展密切相关。一般来说，经济发展程度越高，金融支持体系就越完善；经济支持程度越高，对经济的促进作用就越大。

三是金融支持体系需要系统内部以及不同系统之间的协同配合，保证作用的发挥。金融支持体系是一个系统，其作用的发挥既需要系统内部的协同，也需要不同系统之间的协调发展，通过协同发展确保金融支持体系作用的发挥。

四、新型农业经营主体金融支持体系

新型农业经营主体金融支持体系是金融支持体系的重要组成部分，既具有金融支持体系的一般特征，也具有其特殊的特征。具体来说，新型农业经营主体金融支持体系是金融服务新型农业经营主体的一种重要方式。通过将不同的金融机构组织起来，为新型农业经营主体提供金融产品和金融服务。同时，为确保新型农业经营主体金融支持体系作用的发挥，还需要构建配套支撑体系。其特征主要表现在以下几个方面。

（一）农村金融体系的完善和补充

已有农村金融体系的主要作用是形成了包括政策性金融机构、合作性金融机构、商业性金融机构在内的金融组织体系，对于不同类型金融机构如何发挥作用、不同类型金融机构如何协同发展、如何保障金融组织体系的作用的发挥等都缺乏统一的研究。本书既考虑了现有农村金融体系的构成，又结合实际将非正规金融、互联网金融等纳入，确保形成内容最广泛的金融组织体系，并且从保险支持、支撑保障等方面为金融支持体系的作用的发挥进行了总体安排，具有系统性。

（二）新型农业经营主体金融支持体系需要协同发展

根据国内外研究发现，目前新型农业经营主体金融供给难以满足金融需求的一个重要原因就是不同类型金融机构之间缺乏有效协同，各个金融机构各自为政，且政策性金融机构没有发挥主导作用。本书基于金融协同的视角，着眼于发挥不同类型金融机构、金融产品与服务、保险与金融之间的协同效应，以期达到"1+1>2"的效果。

第四节　理论基础

通过对农业规模经济理论、金融抑制和金融深化理论、农业金融支持理论、金融体系风险分担理论进行阐述与归纳，为构建和完善新型农业经营主体金融支持体系奠定理论基础。

一、农业规模经济理论

随着农业生产规模的不断扩大，国内外学者对农业规模经济理论的研究逐渐兴起。这些理论总体上可以划分为三个体系。

第一个体系是西方农业规模经济理论。17世纪初，古典经济学家配第（William Petty）在其著作《政治算术》的报酬递减粗略模型中首次提出了"农业规模经济"这一概念，认为农业规模经济的基础就是农业报酬递减和要素不可分性。斯密（Adam Smith）也发现了存在"农业报酬递减"规律。他通过研究提出"通过专业分工和规模收益，可极大地提高农业劳动生产效率"。法国重农学派代表人物杜尔阁（A. R. Turgot）运用边际方法和生产函数模型，从投资和劳动等要素的增减变化，对"土地报酬递减规律"进行了全面的分析，详细论述了报酬递减规律和最佳要素投入选择问题。之后，随着专业化、分工理论的不断深化，农业规模经济理论逐步发展为较为完整的理论体系——主要有农业经济学和发展经济学的规模经济理论，以及农业生产经济学和农业经营学的规模经济理论。前两个规模经济学理论主要从理论上对农业企业规模结构、技术结构变革之间的关系以及对经济发展的影响等进行分析；后两个规模经济学理论主要以实证和定量方法对农业生产要素的最优利用和组合、农业企业最优和适度规模经营测定进行了研究分析。

西方农业规模经济理论的基本内涵是：从长远看，在农业生产过程中，所有要素和资源投入都是可变的，而要素和资源投入变动就会使得农业经营规模随之发生变动，从而导致规模经济（产生收益）或者不经济的结果。通常，农业经营规模经济或不经济主要指扩大产出对平均生产成本的影响，一般用长期平均成本曲线的变化趋势来表示。长期平均成本下降，表明农业经营规模较为经济合理；长期平均成本曲线的最低点即是农业资本和要素的最佳投入规模，在此规模上单位产品成本最低。长期平均成本上升会导致规模不经济。农业规模经济又可分为比例规模经济和非比例规模经济两种。比例规模经济没有要素溢出损耗，而非比例规模经济有外部规模经济效应。西方农业规模经济学理论还认为：由于农业生产经营规模越大，所具有的资源、信息、信贷、科技、市场以及抵御风险等方面的优势越明显，所以比农业小规模经营更能获得规模经济效益[55]。西方农业规模经济学理论认为公司农场、合伙农场、家庭农场是规模农业主体的三种形式，提出农业技术革命（机械技术和农艺技术）是农场规模扩大的主要原因。随着科学技术的进步和农业现代化的快速发展，农业规模化经营将是一种普遍现象，对农业生产的发展产生极大的推动作用。

第二个体系是马克思主义农业规模经济学理论。马克思并没有关于农业规模经济的专门论述，只是在大生产和小生产关系原理中对小规模经营和大规模经营、家庭经营和非家庭经营的问题有所涉及和体现。苏联、东欧和中国等一批社会主义国家根据马克思关于农业中的大生产和小生产问题等论述，走上了一条与西方资本主义国家完全不同的农业规模经济发展道路。马克思主义农业规模经济理论的主要思想是：小规模农业经济规模较小，是一种初级、分散、封闭、隔离的自然经济；小农经济是一种比较落后的生产方式；农业中的大生产方式明显优于小生产方式，小生产方式终将被大生产方式所取代；社会主义的大生产取代农业中的小生产，能够实现规模经济和综合效益。

第三个体系是中国特色农业规模经济学理论。改革开放以后，随着国内学术思想不断解放，农业经营领域的相关研究日益兴起。1978年推行的家庭联产承包责任制阶段性地解放了农业生产力。但到1985年后，农业生产发展出现停滞，理论界围绕农业适度规模经营展开了大论战，论战的焦点是"什么是规模经营，为什么要实行和怎么实现规模经营"。最终，理论界普遍认为：扩大农业规模经营要建立在经济和社会发展的基础上，不仅要坚持农村基本经济制度不动摇，加强农民基本生存权利保护，还要建立健全农村土地流转机制，转移农村剩余劳动力，促进农户扩大农业经营化、专业化、集约化规模，改善农业基础设施条件，确保农产品有效供给和国家粮食安全。自2003年以来，我国每年出台的"中央一号"文件都对农业规模、农业经济政策和理论进行不断完善和创新，特别是党的十八大、十八届三中全会，明确提出要构建新型农业经营体系，大力发展新型农业经营主体，加快推进农业现代化进程，形成了比较成熟的中国特色规模经济理论体系。

西方农业规模经济理论从报酬递减和要素优化组合等角度，揭示了市场经济条件下农业经济发展的普遍规律，对发展市场化农业具有较大的指导意义。马克思主义规模经济理论从矛盾运动内因的角度揭示了农业规模经济发展的必然规律，对准确把握农业发展大势具有重大理论价值，对我国现代农业发展具有重要指导意义。然而，由于不同的国家在资源禀赋、经济社会发展水平、经济和政治制度等方面差异较大，所以不管是西方农业规模经济理论还是马克思农业规模经济理论，都不可避免地带有一定的历史局限性，当然中国特色农业规模经济理论也有其历史局限性。因此，不能生搬硬套别国的经济理论，而应辩证地吸收和借鉴其科学、合理的部分。本书在构建新型农业经营主体金融支持体系、发展壮大新型农业经营主体的研究中，参考和借鉴了以上理论的主要思想和理论观点，特别是农业报酬递减和生产要素优化组合、农业社会化大生产趋势理论等。

二、金融抑制和金融深化理论

1937年美国经济学家麦金农和肖（Edward S. Shaw）分别发表了《经济发

展中的货币和资本》和《经济发展中的金融深化》。著作的发表使整个金融发展理论研究发生了重大的转变，改变了长期以来以发达国家为金融发展理论研究对象的历史，第一次将发展中国家纳入金融发展理论的研究范围。麦金农和肖认为，之前以货币主义和凯恩斯主义为主的主流货币理论其假设前提不符合发展中国家的金融与经济发展实情。发展中国家货币化程度普遍不高，货币金融制度的"二元"性特征较为明显，金融发展不平衡严重且效率低下，资本市场发展普遍落后，现代化金融分支机构与传统落后的信贷组织、钱庄和高利贷者并存，政府对经济和金融活动干预过度等。主流货币理论不能对发展中国家普遍存在的金融现象做出合理、正确的解释。麦金农和肖在其著作中提出了"金融抑制和深化"理论。该理论主要研究发展中国家货币金融与经济发展的内在联系。他们认为，经济发展与金融深化两者之间存在着较为显著的正相关关系。一个国家或地区经济落后很大程度上是因为该国或地区内部存在较为严重的"金融抑制"。所谓金融抑制，是指金融市场受到各种因素制约导致发展不充分，资金价格发生扭曲，融资渠道受阻不畅，市场中充斥各种各样的错误信息，误导投资者和生产者的决策，金融需求者无法顺畅地以自身所希望的融资方式、价格和期限从金融市场上获得金融服务，使得经济层面的资源配置效率十分低下[56]。产生金融抑制的原因是多方面的——有时可能是金融市场外部环境造成的，有时可能是政策制定造成的，情况多样且较为复杂。麦金农和肖认为，对利率的过度管控是造成金融抑制的最主要原因。大多数发展中国家面临着严重的资本形成不足而导致的金融资源总量短缺。存款利率太低严重抑制了储蓄的积极性，导致资金紧缺；而贷款利率约束，又极大限制了金融机构的获利空间。利率管制导致市场利率无法真实地反映市场上资金的稀缺程度和供给状况。金融抑制严重削弱了金融体系集聚金融资源、实现自身发展的能力，使得整个金融体系发展处于停滞状态。

金融抑制会严重制约经济的发展，唯有通过深化金融机构、金融市场改革和金融产品创新，才能实现经济长期稳定发展。只有不断消除金融活动中各种不合理的过度干预和管控，充分释放金融活力，深化金融供给，推行金融自由化政策，才能满足各类经济主体和个人对金融的有效需求，即由此产生"金融深化"概念。

麦金农和肖认为，金融深化能够打破金融抑制所导致的金融发展与经济发展之间的恶性循环困局。金融抑制的核心是对利率过度管制，金融深化的核心则是消除利率管制。麦金农和肖认为，利率与投资两者之间的关系并不是反向替代关系，正的实际利率能够有效促进储蓄增加和经济增长。金融深化的目的就是要实现市场价格机制，从而消除金融抑制背景下的信贷配给机制。为实现金融深化可使用的政策主要包括：利率政策、金融发展政策和信贷政策等。如果发展中国家陷入了金融抑制困境，应该提高实际利率，推行利率市场化，放开金融市场，以增加储蓄和投资，提高投资效率，从而促进经济发展。金融抑制与深化理论主张：政府不应对金融过分干预和管制，不应直接干预利率和汇率，而应让市场机制决定利率水平，使利率能够真实地反映资本的稀缺和供求状况，放开金融市场，推行金融自由化。

"麦金农-肖学派"的理论也存在一定局限性。比如，在1970年左右，一些拉美国家根据该理论推行金融自由化，结果导致了经济社会动荡。这表明不受理性约束或失控的金融深化也会损害经济发展，导致经济停滞甚至倒退。到了1990年以后，学者们针对金融自由化弊端提出了"金融发展"理论，这一理论认为：金融发展与金融自由化是两个不同的概念，只有在科学、有效监管制度下的金融自由化，才能实现高质、高效、充满活力的金融发展，从而促进金融增长和社会稳定。基于这一理论，要实现增强金融市场活力，促进经济快速发展，就应该按照"金融抑制—金融深化—金融发展"的逻辑关系，正确处理好金融创新、金融自由化和金融监管三者之间的关系，科学制定适合经济社会发展需要的金融深化和发展政策。

因此，金融深化的基本内涵就是适应经济发展对金融服务的要求，金融供给体系在组织机构、产品工具、功能服务等方面进行创新，是一个充分调动可利用的金融资源、不断扩大金融业务规模、降低金融市场交易费用、不断提高金融供给效率和质量的过程。金融深化包含制度、机构、市场、产品、技术等方面的创新发展，这些创新发展不仅包含金融机构数量增加、业务结构调整优化，还包含运行效率和发展质量提升。最直接的金融深化表现为金融机构数量增加、资产总规模扩大、市场分工专业化水平提升、交易方式便捷多样化、经济活动对金融依赖程度加深、金融监管更加高效。

金融抑制和金融深化理论揭示了经济增长与金融供给之间的关系，即金融需求与金融供给之间的关系。金融是影响经济发展的重要因素。金融有效供给是推动经济主体生产经营活动的重要力量。如果金融有效供给不足，经济主体生产经营活动就不活跃，会一定程度上制约经济的繁荣和发展。本书研究的逻辑关系起点也正基于这一关系。新型农业经营主体作为我国农业现代化和实施乡村振兴战略的主力军，其生产和发展受到诸多因素的影响，其中信贷资金是重要影响因素。新型农业经营主体不断发展壮大，对金融供给服务提出了更高要求，但从农村金融市场实际来看，新型农业经营主体普遍存在融资难、融资贵，金融需求无法得到有效满足的现象，换句话说，存在严重的金融抑制现象，迫切需要在农村金融供给侧深化改革创新，增加金融产品供给，提高金融对现代农业发展的资金调动与资源配置效率。在我国现阶段，要破解新型农业经营主体融资难题，需要深化金融体制机制改革和创新，构建系统、完善的农业经营主体金融支持体系，完善和增加金融组织体系，创新金融服务和产品，构建金融风险分担体系。因此，金融抑制和金融深化理论是贯穿本书研究过程的重要理论基础，为本书分析新型农业经营主体融资难、融资贵以及寻求破解融资困境提供了理论依据。同时，金融抑制和深化理论为本书在研究方法上提供了重要启示：通过理论分析融资难、融资贵问题，从理论上深化对现实问题的认识和理解，由表面现象上升为理论机理，进而更加清晰、准确地把握新型农业经营主体金融支持体系研究的思路和路径选择。

三、农业金融支持理论

（一）农村信贷补贴理论

农村信贷补贴理论也称为农业融资理论，是早期指导农村金融活动的理论基础。在 20 世纪 80 年代以前，该理论一直处于该领域的主导地位，其理论主张农业信贷供给优先。该理论认为，由于农业生产经营活动的弱质性、农业生产的长期性和高风险性、农业的低收益性，与商业性金融机构的逐利性相矛盾，商业性金融机构对农业生产经营活动提供的金融支持非常有限。此外，发展中国家的农民由于收入较低，储蓄能力有限，仅依靠内源性资金积累无法满足日常生产经营活动的需要。要有效缓解发展中国家农村地区资金缺乏的矛盾，必须依靠政府建立一套非营利性的政策资金运作体制机制，最主要的方法就是政府对政策性金融机构进行信贷补贴，通过政策性金融机构向农村注入低利率的政策性信贷资金以促进农业生产。因此，政府应该通过行政的力量引导资金流向农村。具体来说，政府可以通过以下途径实现这一目的：成立专门的政策性金融机构，为农村提供金融信贷支持；或通过利率政策，降低农民的信贷利率，从而大幅降低农民的融资成本；此外，还可通过为商业金融机构提供利息补贴的方式降低农民获得资金的成本。

虽然这种信贷补贴理论的应用能够在短期内较快促进农业生产发展和粮食产量增长，但该理论在实践应用中仍有缺陷和不足。这主要表现为：①行政手段主导下的农村金融活动加剧了市场失灵。由于资金来源主要是政府的财政资金，通过行政的力量将资金引导到农村地区，行政力量主导下的资金供给会影响市场供需规律，进一步加剧市场失灵，同时也会增加政府的财政负担。②行政力量主导下的农村金融市场不具备可持续发展的能力。可持续得到政策性低息信贷资金，使得农民不再有靠自我积累进行农业投入的动机，从而降低农民增加储蓄和生产投入的积极性。由于农村储蓄能力非常有限，对外部资金过分依赖、信贷资金回收率低下、偏好向中上层融资等方面的问题十分严重，必将削弱金融市场的可持续发展能力。③偏离信贷补贴的最初目标。低利率信贷资金的利用目标与原有的信贷目标发生偏离，低息信贷补贴多数被富裕农民所取得，而贫困落后的农村地区却无法获得有效的信贷供给。农村地区普遍缺乏资金，低利率政策和政策性信贷资金供给不足通常会给某些有门路的人提供寻租获利的空间，而真正需要获得政策性资金扶持的贫困农民往往无法获得外源性资金支持，这些状况都会加大农民内部的收入差距。

如果仅从这一理论出发，很难构建一个高效的农村金融市场体系来支持新型农业经营主体的金融融资，但它仍是构建农村金融市场以及解除新型农业经营主体供给型融资约束不可忽视的理论基础，特别是对资金匮乏的贫困农村地区的发展意义重大。

（二）农村金融系统理论

农业信贷补贴理论在 20 世纪 80 年代后逐渐被农村金融系统理论所取代。农村金融系统理论特别强调市场机制的作用，其理论的前提假设为：农民和农村地区的贫困人口具有一定的储蓄能力，不需要外部资金的注入；较低的存款利率会降低农民储蓄意愿，较低的存款水平会降低农村储蓄存量，必将阻碍农村农业发展；资本回收率低的一个重要因素是农村金融机构过度依赖外部融资体系；农业收入具有较大的不确定性，使得农村信贷风险的成本较高，按照高风险高收益原则，农村非正规金融的利率应适当提高。该理论更加强调市场机制在农业金融支持中的重要性，强调利率市场化，反对政策性金融对市场的扭曲，认为利率自由化能够对农业金融机构的经营成本进行补偿。该理论的政策主张是：农业农村资金融资利率要由市场机制来决定；农村金融机构的主要职能是农村内部资金借贷和金融中介；非正规金融存在具有一定的合理性；没有必要为突出社会效益而实行专项目标贷款制度。该理论在一些市场经济发达的国家占据主导地位，但该理论过度依赖市场机制，反对政府对农业金融市场的干预和调控，市场经济不发达的国家很难通过利率自由化来使小农户从农村金融市场充分地获得贷款。所以，在这些市场经济不发达国家采取适当的体制机制来管理农业信贷计划、建立政府适度干预的农业投融资体制机制很有必要。

虽然农村金融系统理论逐渐取代了农业信贷补贴理论，但它发挥的作用是有限的。利率自由化可能会降低新型农业经营主体对信贷资金的需求，能够一定程度上解除新型农业经营主体的融资约束，但由于缺乏可抵押担保物、利率成本较高等因素，新型农业经营主体仍然面临融资困境。总体来说，农村金融系统理论为研究新型农业经营主体金融支持提供了较为重要的理论基础。

（三）不完全竞争市场理论

不完全竞争市场理论是在农业信贷补贴理论和农村金融市场理论的基础上发展起来的。东南亚许多国家在 20 世纪 90 年代爆发了严重的金融危机，表明市场机制对经济的调节作用也是有限的。经济学家斯蒂格利茨（Joseph E. Stiglitz）对不完全竞争市场和信息不对称问题的相关研究成果成为农村金融不完全竞争市场理论的基础。金融不完全竞争市场理论主要致力于构建一个完整有效的农业金融市场，该理论不仅重视市场机制，也强调要培育出适合农业发展和农村所需的融资市场不能仅靠市场机制，还必须依靠政府弥补农业和农村金融市场的缺陷，但政府也不能取代市场。

农村金融不完全竞争理论的政策主张主要是：在农村金融市场中，要充分发挥市场的调节作用，减少政府干预，实行市场化利率，尽可能实现农村区域市场内的资金供求平衡[57]。该理论认为农村金融市场的完善需要政府与市场共同作用。一方面，政府对农村金融市场主要应加强监管，同时采取一些间接的调控机制对市场无力作为的方面进行调控；政府应支持并利用借款人联保小组以及借款人互助合作组织，以规避农业金融市场风险。此外，还要加快农村信用体系的建立，有效利用担保融资、使用权担保以及互助储金会等办法，解决农村金融市场的信息不对称问题。政府应适当介入和引导非正规金融，解决非正规金融低效问题，规范其运行。另一方面，要充分发挥市场调节的作用，鼓励各种金融机构（包括政策性金融机构）进入农村金融市场，保证金融机构获得基本利润并长期稳定发展，增加资金供给，改变现有利率管制，将存贷款利率控制在合理范围，促进市场在农村金融市场上更好地发挥作用。

该理论根据农村金融市场的实际情况，发挥市场和政府在农村金融市场的作用，很好地弥补了农业信贷补贴理论和农村金融系统理论的不足，是目前农村金融的代表性理论。

新型农业经营主体金融支持体系是农村金融体系的重要组成部分，在构建新型农业经营主体金融支持体系时，应充分借鉴农村信贷补贴理论、农村金融系统理论、不完全竞争市场理论等理论。从各个理论的优缺点来看，农村信贷补贴理论更强调通过政府的力量来改善农村金融供给不足状况，但过分强调政府调控而忽略市场作用的发挥则不是农村金融体系发展的方向。农村金融系统理论同农业信贷利率相比，否定政策性金融在农村金融市场中的重要作用，主张利率市场化，同农业信贷补贴理论相比，实际上是走入了另一个极端，也与我国目前构建的"三位一体"农村金融支持体系不符。虽然市场化方向是农村金融体系的发展方向，但作为弥补市场失灵的有效手段，政策性金融的作用也不应被忽视。

随着新型农业经营主体生产经营方式的转变，农业农村金融需求特征发生了重大变化，不再是原来单个农户的小额、零星、短期、单一、偶然的金融需求，而是转向新型农业经营主体的大额、长期、多元、频繁的金融需求，有效金融需求量增长较快。根据农村金融不完全竞争市场理论，政府需要转变金融支持模式，帮助涉农金融机构明确服务对象，创新抵押信贷品种、信贷合作模式等金融产品，积极引导农业金融市场机制发挥作用。农村金融不完全竞争市场理论为正确处理政府、涉农金融机构、新型农业经营主体的金融服务关系提供了重要的理论借鉴。

本书在对各个理论的分析基础上，结合不完全市场竞争理论，系统构建了新型农业经营主体金融支持体系。该体系既包含了政府主导的政策性金融机构，也涵盖了市场化主导的合作性金融、商业性金融机构，同时将非正规金融、新型农村金融机构等新的金融供给机构纳入其中，丰富和充实了金融供给主体，能够更好地满足新型农业经营主体的多元金融需求。

四、金融体系风险分担理论

风险分担是金融体系的一个核心功能。对金融体系风险分担理论的研究大多是从艾伦（Franklin Allen）和盖尔（Douglas Gale）的风险分担理论展开的。他们认为金融体系的风险分担可以分为两种：一种是通过金融市场的横向风险分担，另一种是通过金融中介的纵向风险分担。横向风险分担也称为金融市场风险管理，是指在特定的时间点上，不同的投资者通过风险互换达到风险分担的目的，金融市场主要通过为投资者提供不同的投资工具和产品组合来实现投资风险的分散；纵向风险分担也称为银行中介风险管理，是指通过不同时期的均衡投资来规避由金融资产价格过度波动带来的风险，以实现不同时期内投资收益的平衡，这一过程主要通过金融机构吸收存款，并按照事前签订的债务契约到期后支付约定额度资金来实现[58]。通常情况下，一个投资者无法通过证券市场的投资组合来分散其所面临的系统性风险，但能够运用银行中介的跨期风险分担机制进行规避。银行中介风险管理是将其管理的风险直接内化为自身所承担的风险，而金融市场风险管理是在特定的时间点上，由投资者根据自身所能承受风险的能力进行风险互换，从而最终承担风险损失。通过金融体系的运行将资金从盈余者手中转移到需求者手中，从而实现金融体系的资金配置功能；随着资金的转移，投资所涉及的风险被逐步分配到投资者，投资者承担风险的大小主要取决于自身的意愿和风险承担能力，由此实现金融体系的风险分担功能[59]。实现风险分担功能通常要借助于各种资金配置的具体形式，只有以有效的风险分担为条件和保障，才能最终实现有效的资金配置。充分发挥出金融体系的风险分担功能，能够使风险在整个经济体系中合理地配置，从而使整个经济系统更有效和更稳定地运行。

该理论对新型农业经营主体信贷风险补偿体系构建提供了重要的理论依据。新型农业经营主体在生产经营中会遇到自然灾害和市场不确定因素等风险，加之农业经营主体缺乏有效抵押担保物，使得金融机构在提供信贷资金时也会面临贷款无法收回的风险，加剧了金融支持供需矛盾。要解决金融供需矛盾需要有效化解金融供给中存在的风险。金融体系风险分担理论从横向和纵向两个方向为有效化解风险提供了可行方案。基于此理论，实现降低金融支持体系的信贷风险主要应从发展和完善农业保险体系、建立政府财政支农担保机制、创新发展"保险+期货"模式等方面着手，同时该理论对鼓励政府主导建立风险补偿基金和担保组织体系也提供了理论依据。

本章小结

本章主要通过理论梳理，对本书涉及的新型农业经营主体、新型农业经营体系、金融支持体系等概念进行了界定，明确了本书的研究范围，同时对本书研究的理论基础，包括农业规模经济理论、金融抑制和金融深化理论、农业金融支持理论、金融体系风险分担理论等进行了介绍和简要评述，并就各理论在本书研究中提供的借鉴作用和贡献分别做了阐述，为开展下一步研究和分析提供了理论指导。

第二章 我国新型农业经营主体金融支持现状及问题

目前，我国已经基本形成了"三位一体"的农村金融体系，在支持农业、农村发展中发挥了重要作用。作为内生于农业生产的一种生产组织形式，新型农业经营主体也通过农村金融体系极大满足了自身的金融需求。但是作为一种新型的组织形式，新型农业经营主体与传统小农户在资金需求特点上有很大差异，依靠现有"三位一体"的农村金融体系难以满足新型农业经营主体的金融需求。通过对新型农业经营主体金融供需现状的大量统计数据的分析，发现新型农业经营主体普遍面临着融资难和融资贵等问题，其金融支持体系中存在金融支持有效供给不足、金融支持工具和服务不适应金融需求、信贷风险防范机制不健全等问题。这些问题成为新型农业经营主体金融支持体系构建与完善的逻辑起点。在此基础上，运用 DEMATEL 模型从众多影响新型农业经营主体有效金融供给的因素中筛选出影响最为关键的因素，从而为构建新型农业经营主体金融支持体系指明路径和方向。

第一节 我国新型农业经营主体金融支持现状

一、农村金融供给体系逐步建立

我国已经形成了包括政策性金融、合作性金融、商业性金融在内的"三位一体"农村金融体系，这也是我国新型农业经营主要的金融供给主体。随着经济社会发展，除了传统意义上的"三位一体"金融供给体系，还产生了包括村镇银行、农村资金互助社、贷款公司等各种新的供给主体，这些供给主体在满足新型农业经营主体金融需求方面发挥了积极作用。

中国农业发展银行是我国唯一的政策性金融机构，其经营具有政策导向性、非营利性、福利性等特点。从 2003 年以来，中国农业发展银行的支农范围不断扩大，向农资购买、基础设施建设、科技发展、农田综合开发等方面逐步拓展。目前中国农业发展银行开展的涉农业务主要包括：办理粮棉油料收购、储备、调销贷款；专项储备贷款；相关产业化龙头企业贷款；农业生产资料、基础设施建设、农业科技、农业综合开发等方面的贷款；财政支农资金拨付。

农村信用合作社是经中国人民银行批准设立、由社员入股组成、实行民主管理、主要为社员提供金融服务的农村合作金融机构，是我国农村的合作性金融机构[60]。2003 年国务院下发了《深化农村信用社改革试点方案》，对农村信用合作社的产权和管理体制提出改革要求，指出农村信用合作社的商业化发展方向，到 2008 年农村信用合作社的管理体制框架全面确立。目前农村信用合作社发展模式主要有三种：信用联社、农村合作银行和农村商业银行。农村信用合作社在农村覆盖范围较广，是我国农村金融产品的主要供给者。

中国农业银行是我国重要的农村商业性金融机构。中国农业银行自 1951 年建立以来，经过了几次撤并，其职能也不断调整。从 2007 年开始，中国农业银行选择八个省（自治区、直辖市）开始面向"三农"的金融服务试点，逐步恢复"三农"业务。2008 年，中国农业银行启动"三农金融事业部"改革。"三农金融事业部"改革实施"三级监督、一级经营"管理，对纳入改革的县域支行实行"六个单独"的运行机制，并给予各种扶持政策。到 2015 年 4 月，中国农业银行"三农金融事业部"改革已经覆盖所有县域支行。

中国邮政储蓄银行由中国邮政集团全资组建。依托邮政集团在农村广泛的网点分布，中国邮政储蓄银行在服务新型农业经营主体方面具有天然优势。按照 2016 年《中共中央 国务院关于落实发展新理念加快农业现代化 实现全面小康目标的若干意见》中关于"建立三农金融事业部，打造专业化为农服务体系"的要求，中国邮政储蓄银行启动了"三农金融事业部"改革，全面提升服务"三农"能力。

村镇银行是为解决农村金融网点少、农村金融供给不足的问题而建立的新型农村金融供给机构。2007 年国家监管部门出台《村镇银行管理暂行规定》，明确了村镇银行的主体地位，村镇银行正式成为农村金融市场的重要组成部分。村镇银行产生以来，充分发挥自身针对性强、覆盖面广等优势，在为农村提供金融供给方面贡献了积极力量。

农村资金互助社是农民以自愿入股的形式而成立的一种组织。农村资金互助社带有互助性质，主要为入股会员提供存贷款、结算等金融服务，不以营利为目的。同其他类型金融机构相比，农村资金互助社具有信息获取成本低、交易成本低等优点，是我国农村金融供给的重要补充。

贷款公司是指依据法律法规，经中国银保监会批准，由境内商业银行或者农村合作银行全额出资在农村设立，为农民、农业、农村经济发展提供贷款服务的金融机构，属于非银行业金融机构。贷款公司以服务"三农"为宗旨，其贷款主要投向农村，且信贷额度高，方式较为灵活。

二、金融供给总量逐步上升

由于我国尚未建立专门针对新型农业经营主体金融支持的统计分析指标，因此本书采用涉农贷款这一指标来衡量金融机构对新型农业经营主体的支持情况。据《中国农村金融服务报告》，我国涉农贷款自 2007 年统计以来，从 2007 年的 6.1 万亿元增加到了 2016 年末的 28.2 万亿元，9 年来平均增速为 18.8%，占各项贷款的比重由 22% 提高到 26.5%。据央行《2017 年四季度金融机构贷款投向统计报告》，到 2017 年末，全部金融机构本外币农村（县及县以下）贷款余额为 25.1 万亿元，同比增长 9.3%，增速比 2016 年提高了 2.8%。各金融机构 2016 年涉农贷款构成见表 2-1。

表 2-1　2016 金融机构本外币涉农贷款分机构报表

金融机构	农林牧渔业贷款		农村（县及县以下）贷款		农户贷款		涉农贷款	
	余额/亿元	同比增长/%	余额/亿元	同比增长/%	余额/亿元	同比增长/%	余额/亿元	同比增长/%
全国金融机构	36 627	4.2	230 092	6.5	70 846	15.2	282 336	7.1
中资全国性大银行	6 200	-1.5	88 222	2	23 979	27.4	103 974	2.5
中资中型银行	2 190	2.5	44 881	11.5	1 504	35.5	68 773	12.1
中资小型银行	17 287	26.6	71 497	22.3	30 381	27	81 626	21.1
其中：								
农村商业银行	12 828	34.8	46 107	28.5	23 735	34.6	53 096	26.2
农村合作银行	730	-23.6	1 468	-46.1	989	-41.3	1 767	-43.2
村镇银行	1 724	18.2	4 953	15.4	3 234	20.3	5 550	16.2
农村信用合作社	10 920	-16.1	24 712	-17.8	14 902	-15.2	27 039	-16.7
中资财务公司	30	-11.1	780	1.8	80	20.9	924	4.9

资料来源：《中国农村金融服务报告 2016》。

三、金融生态环境逐步改善

一是政策支农更加有力。从货币政策看，中国人民银行通过差别化的存款准备金率、再贷款优惠、抵押补充贷款等多种工具，引导金融机构加大对农村的信贷投放。2016 年，在大型商业银行存款准备金率执行 17% 的基础上，将县域农村商业银行的存款准备金率下调执行 12%，农村信用社、农村合作银行、村镇银行执行 9%，对涉农再贷款利率适度下调。从财政政策看，财政部实行的县域金融机构涉农贷款增量奖励和定向费用补贴政策，极大地调动了农村金融机构的积极性。从税收政策看，对金融机构增值税实行优惠，为鼓励金融机构支农力度，政府通过提供涉农贷款增量补贴、执行较低的存款准备金率等政策，调动金融机构的积极性。此外，国家适当放宽农村金融机构准入门槛，让更多的农村金融机构进入农村，服务农村金融市场。

二是农村金融基础设施建设持续推进。首先是信用体系建设。中国人民银行指导各地根据实际情况，在县（市）层面建立农户信用信息数据库。截至2016 年末，全国累计为 1.72 亿位农户建立了信用档案。其次是农村地区推广结算系统，支付工具继续优化，助农取款服务持续发展，切实改善农村支付环境。截至 2019 年 6 月，全国乡镇银行业金融机构覆盖率为 95.65%，行政村基础金融服务覆盖率为 99.2%，比 2014 年末提高 8.10 个百分点。银行卡助农取款服务点已达 82.3 万个，多数地区已基本实现村村有服务。农村地区电子支付进一步推广，为农村电商发展提供支撑。2019 年上半年，农村地区发生网银支付业务 63.54 亿笔、金额 74.27 万亿元，发生移动支付业务 47.35 亿笔、金额 31.17 万亿元；银行机构办理农村电商支付业务 3.57 亿笔、金额4 030.33 亿元；银行卡助农取款服务点发生支付业务（含取款、汇款、代理缴费）2.14 亿笔、金额 1 813.25 亿元[61]。

第二节 新型农业经营主体融资难、融资贵

虽然我国农村金融和农村金融支持体系建设与过去相比取得了较大进步，但新型农业经营主体在生产经营和进一步扩大再生产中对金融的需求没有得到满足，普遍面临着融资难和融资贵问题，制约了自身发展壮大，迫切需要对其加强金融支持。

一、新型农业经营主体融资难

(一) 强烈的金融需求无法得到满足

新型农业经营主体金融需求意愿更加强烈，主要是个体农户与新型农业经营主体具有不同的生产特点。个体农户生产经营规模较小，其资金需求规模较小，多数可以依靠自有资金、赊销赊购、亲戚朋友借贷等方式满足。新型农业经营主体生产经营范围大、生产周期长、机械化程度高、市场化程度高，由此产生的资金需求量大、需求意愿强、借贷期限长。这种资金需求难以依靠自有资金、亲戚朋友借贷的方式解决，需要金融机构提供支持。四川省社科院通过对省内郫都、什邡、安岳、西充、苍溪、荣县、隆昌七个代表性地区的调研发现，近三年中，有43%的个体农户有借款需求，而仅有不到36%的农户实际产生过借款行为；而被调查的新型农业经营主体中，72%的新型农业经营主体有借款需求，52%的新型农业经营主体产生过借款行为（见图2-1）。

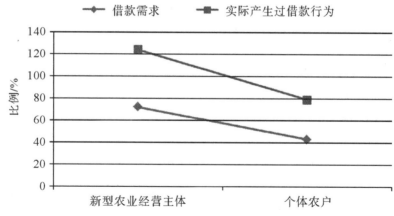

图2-1 新型农业经营主体与个体农户金融需求对比图

从图2-1可以看出，无论是金融需求还是产生的借款行为，新型农业经营主体都远远高于个体农户。

黄可权对黑龙江、辽宁、山东、安徽、江苏、湖北6个省份的新型农业经营主体金融支持状况进行了调研。调研显示：288户农民专业合作社中，有金融需求的188户，约占总数的65.28%；在融资过程中，感到融资困难的有128户，约占有金融需求的农户总数的68.09%。同时，对270户家庭农场融资情况的调查显示，家庭农场面临的融资困境是普遍现象。270户家庭农场中希望获得银行贷款的有233户，约占总数的86.30%，但有190户认为获得银行贷款难度大，约占希望获得银行贷款的家庭农场总数的81.55%[62]。在接受调查的 649 户种养大户中有融资需求的农户达 504 户，约占总数的 77.66%，感到从正规金融机构融资困难的有 415 户，约占有融资需求的农户总数的 82.34%。在对 163 户农业产业化企业调查中，有 129 户企业存在资金缺口，约占总数的 79.14%，有 97 户农业产业化企业存在融资困难，约占有资金缺口的企业总数的 75.19%（见图 2-2）。

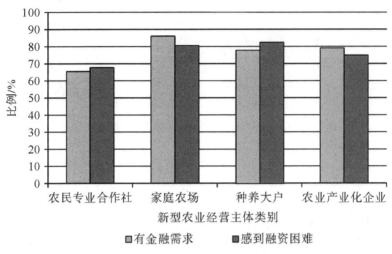

图 2-2　新型农业经营主体融资需求与融资满足度

（二）金融机构信贷供给量不足

虽然新型农业经营主体金融需求量大、需求意愿强，但在实践中存在融资难的困境，新型农业经营主体无法通过正规农村金融机构满足自身金融需求。本书通过 2012—2018 年涉农贷款余额、农业贷款余额、农村（县及县以下）贷款余额、农户贷款余额来分析评价金融机构对新型农业经营主体的信贷发放情况。从绝对量来看，金融机构在涉农贷款发放方面呈现逐渐上升的趋势，农业贷款余额从 2012 年的 2.7 万亿元增长到 2018 年的 3.94 万亿元，农村（县及县以下）贷款余额从 2012 年的 14.5 万亿元增长到 2018 年的 26.64 万亿元，农户贷款余额从 2012 年的 3.6 万亿元增长到 2018 年的 9.23 万亿元，涉农贷款余额从 2012 年的 17.6 万亿元增长到 2018 年的 32.68 万亿元（见图 2-3）。但从增速看，除农户贷款余额在 2013 年增速有小幅增长外，其余指标都呈下降趋势（见图 2-4）。

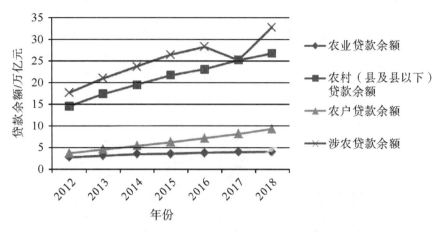

图 2-3　金融机构涉农金融信贷主要指标绝对量走势图

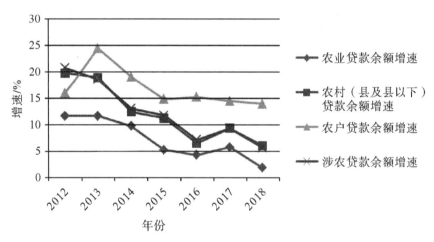

图 2-4　金融机构涉农金融信贷主要指标绝对量走势图

从不同类型新型农业经营主体信贷供给来看，据李俊强、杨兆廷统计研究，2013 年、2014 年、2015 年我国新型农业经营主体中的专业合作社获得贷款分别为 6 027 亿元、7 061.1 亿元、8 008 亿元，农业龙头企业获得贷款分别为 121 951 亿元、133 735 亿元、146 560 亿元（见图 2-5）。专业合作社获得贷款的增幅分别为 6.7%、17.2% 和 13.4%；农业龙头企业获得贷款的增幅分别为 17.7%、9.7% 和 9.6%（见图 2-6）[63]。

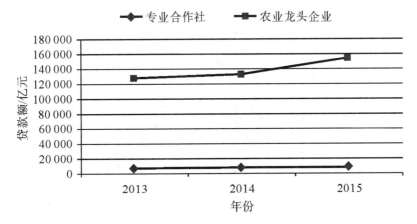

图 2-5　专业合作社和农业龙头企业贷款获得情况

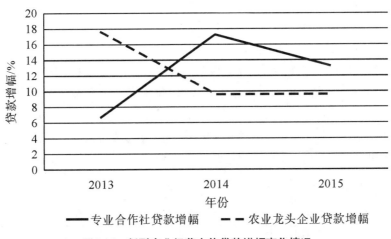

图 2-6　新型农业经营主体贷款增幅变化情况

（三）金融机构信贷供给效率低

一是金融机构供给区域差异大。受经济发展水平、国家不均衡发展战略等多种因素影响，我国金融资源分配呈现明显的不均衡性[64]。东部地区由于经济发展水平较高，农村金融体系建设较为完善，在网点覆盖率、从业人员、信贷规模、金融产品和服务质量等方面都远远高于中西部地区，金融供给的区域不平衡性较为明显。根据《中国农村金融服务报告 2016》的统计数据，2016年全国共发放涉农贷款 282 336 亿元，同比增长 7.1%。其中，东部地区占45%，中部地区占 21%，西部地区占 26%，东北地区占 8%（见图 2-7）。

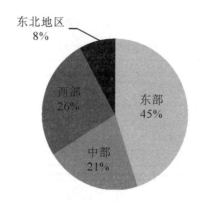

图 2-7　金融机构涉农贷款余额区域分布情况（2016 年）

从各省份信贷发放情况看，东部地区农村金融体系较为完善，金融市场较为发达，现代农业发展较快，农户的偿债能力较强，金融机构对农业的信贷也主要集中在东部地区。从涉农贷款的分布区域和数量看，2016 年涉农贷款最高的三个省都在东部地区，如浙江、江苏、山东的涉农贷款均超 25 000 亿元。中、西部地区仅有农业大省河南、四川的涉农贷款达到 15 000 亿元，其他省份普遍在 10 000 亿元以下。西部地区其他各省份的涉农贷款更少，普遍在 5 000 亿元左右（见图 2-8）。从上可以看出，我国中西部欠发达地区由于金融有效供给不足，难以形成发展的资本积累，金融难以发挥对经济发展的刺激作用，金融对经济发展的抑制作用也更为突出。

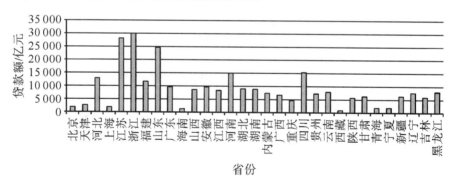

图 2-8　2016 年全国各省份涉农贷款情况（未含港、澳、台地区）

二是金融机构商业化现象严重。以农村信用合作社为例，农村信用合作社在农村分布最多，覆盖面广，服务"三农"贡献率最高。《中国金融年鉴》数据表明，近年来农村信用合作社为农业生产提供的信贷支持额度一直保持在 60% 以上，最高时达到了 86%，农业生产成了名副其实的"资金助推器"[65]。

但从 2003 年启动改革开始，农村信用合作社商业化改造与政策性支农之间的矛盾逐渐凸显。改革后，盈利性成为农业信用合作社的要求，农业信用合作社"非农化"现象严重。以涉农贷款在银行业金融机构中的比重为例，这一比重从 2010 年的 39.8% 下降到 2016 年的 9.6%。从商业性金融机构看，从效率经营的角度出发，商业性金融机构的经营活动和经营目的都应满足流动性、盈利性、安全性的要求[66]。农业生产活动的长期性、高风险性等特征决定了商业性金融机构更多地将业务重心布局在城市地区，在农村分布数量较少。在农村地区开展的主要业务是吸收存款，存款商业化现象严重。

三是新型农村金融机构作用发挥有限。2006 年，银监会出台了《关于调整放宽农村地区银行业金融机构准入政策 更好支持社会主义新农村建设的若干意见》，从放开准入资本范围、调低注册资本、调整投资人资格、放宽业务准入条件与范围、调整董（理）事高级管理人员准入资格、调整新设法人机构或分支机构的审批权限、实行简洁灵活的公司治理 7 个方面为银行业金融机构进入农村提供了更为宽松的条件[67]。自此，以村镇银行、农村资金互助社和贷款公司为主要代表的新型农村金融机构应运而生。但从实际运行情况来看，新型农村金融机构在支农方面起到的作用仍非常有限，对新型农业经营主体的支持更加有限。以村镇银行为例，村镇银行开展的存贷业务规模较小，存款多数被邮政储蓄银行、农村信用合作社、农业银行等金融机构吸纳，资产规模较小。从存贷比情况看，截至 2019 年末，村镇银行支农支小的贷款余额连续 7 年保持在 90% 以上，累计发放农户及小微贷款余额达 5.59 万亿元，存贷比达 78.5%，超过监管部门规定的 75% 上限，表明村镇银行在运行中隐藏着极大的风险[68]。农村资金互助社还处于起步阶段，社员较少，互助社内部资金来源不足。此外，村镇银行还面临人才短缺、运营成本高等一系列问题，难以发挥支持新型农业经营主体的作用。从贷款公司看，贷款公司在运行中未针对农村地区开发合适的金融产品和金融服务，仅将城市的信贷产品移植到农村地区，实际上其并不适应农村地区。因此，贷款公司自产生以来发展缓慢，支持新型农业经营主体作用不明显。

二、新型农业经营主体信贷融资成本高

金融机构给新型农业经营主体提供的贷款利率偏高，融资费用偏高。新型农业经营主体在农业生产中会受到自然灾害、病虫灾害等各种不确定性因素的影响，加上新型农业经营主体组织和财务制度不健全、金融机构与新型农业经营主体信息不对称、缺乏抵押物等问题，金融机构为了降低信贷风险，按照风

险与收益相匹配的原则，通常会提高贷款利率，由此增加新型农业经营主体的融资成本。黄可权在对黑龙江等6省拥有金融需求的各新型农业经营主体的资金获得状况的调研中发现：在270户家庭农场中，有219户认为融资成本偏高，约占希望获得银行贷款的农场总数的81.1%。由于从正规金融机构获得贷款难，部分家庭农场的资金缺口只能通过民间借贷来解决，有的贷款年化利率高达15%以上，但由于借贷手续简便，不少家庭农场仍然选择接受。

（一）新型农业经营主体自身发展不足导致信贷成本高

虽然新型农业经营主体代表先进的生产力和发展方向，但其自身发展尚处在初级阶段，在发展过程中还存在组织机构、财务制度、抵押担保、自身素质等方面的不足，对金融机构的吸引力不够，金融机构出于慎重，在对其发放贷款时会大幅提高信贷利率。新型农业经营主体自身发展不足主要体现在以下方面：

一是新型农业经营主体组织机构不健全。家庭农场、农业合作社已是我国新型农业经营主体的主要组成部分，这两种方式都是从传统的个体农户发展起来的。受各种因素影响，新型农业经营主体尚未建立紧密的利益联结机制，多数处于松散的组织状态，这与金融机构对信贷主体的要求不符。

二是新型农业经营主体财务管理不健全。金融机构发放贷款需要对借贷主体的资产状况、经营状况、资产负债情况等指标进行衡量，但新型农业经营主体普遍缺乏完善、健全的财务管理和财务机制，导致新型农业经营主体与金融机构之间的信息不对称。金融机构难以准确衡量新型农业经营主体的偿贷能力，通常选择惜贷、提高利率、不发放贷款等方式来降低可能产生的不良贷款率。

三是新型农业经营主体缺乏有效的抵押担保物。新型农业经营主体的金融需求量大，如要获得大额长期信贷资金必须有抵押担保物。然而，新型农业经营主体的资产，如农业生产设备、土地、林地等，无法成为有效的抵押担保物。以土地为例，虽然国家对土地流转出台了相关政策，但目前在土地估值、土地交易、违约后的处置等方面还存在诸多问题，与金融机构要求的担保抵押物差距较大。

四是新型农业经营主体自身素质不高。在实践中，新型农业经营主体自身素质普遍不高，受教育程度较低。据调查，新型农业经营主体中，家庭农场、专业合作社中拥有大专及以上学历者的占比仅为7.29%、13%（见图2-9）。同时新型农业经营主体缺乏必要的财务、管理知识和技能，导致经营亏损，无法偿还贷款。此外，由于受到地方政府的鼓励支持，部分新型农业经营主体在金融机构较容易获得贷款，但在资金使用过程中缺乏有效监督，资金管理流于形式，信贷资金存在较大的风险。对家庭农场、种养大户、专业合作社等新型农业经营主体而言，这一方面尤为突出。

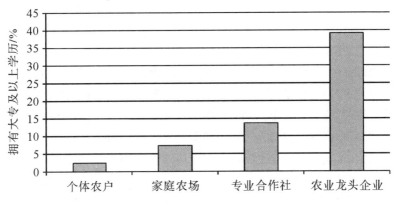

图 2-9　新型农业经营主体与个体农户受教育程度情况

（二）金融机构获取新型农业经营主体信息成本高

金融机构发放贷款，一般可以选择集中评价依据或贷款技术选择依据，包括财务报表、信用评分、担保贷款、抵押贷款。由于信息不对称，金融机构一般难以获得有效的信息来对新型农业经营主体的偿贷能力进行评价。

一是交易成本高。由于缺乏完善、健全的财务制度，在向金融机构提供自身资产状况、负债情况、盈利状况、偿债能力等指标时，为了提高自身获得信贷的可能性，新型农业经营主体更倾向于向金融机构提供对自身有利的数据，可能产生逆向选择风险。而银行对于新型农业经营主体的数据，无法通过已有数据进行客观、准确的评价。所以为了降低信贷风险，金融机构普遍会提高信贷利率，达到降低不良贷款率和提高自身利润的目的。

二是时间成本高。由于新型农业经营主体缺乏有效抵押物，金融机构一般会要求新型农业经营主体提供更为详细、更为复杂的信贷审批材料。这种手续复杂、耗时长的审批方式，难以满足新型农业经营主体对资金需求的时效性，产生了较高的时间成本。

三、非正规金融信贷的重要地位与信贷风险并存

（一）非正规金融在信贷供给中占重要地位

虽然新型农业经营主体金融需求意愿强烈，资金需求量大，但是融资渠道却十分单一，为满足自身资金需求，多数会选择非正规渠道的民间借贷。这主要是由于民间贷款能够在较短时间内获得，同时无须支付利息或仅须支付较低的利息就可获得，与新型农业经营主体的金融需求特点相符。非正规金融是指农村中处于金融部门监管之外的金融活动。其主要包括两类：一类是未注册、未公开和不纳税的金融组织或金融活动；另一类是登记注册并公开营业，但是不受央行监管的金融组织或金融活动。非正规金融有多种表现形式，目前我国非正规金融更多的是指民间借贷。

同正规金融相比，非正规金融有着显著优势。一是拥有信息优势。非正规金融中放贷人与借款人的空间距离一般较短，放贷人对借款人的财务状况、还贷能力、资产状况等都比较了解，能够对资金信贷的风险更为准确地判断，即能够更加准确地判断是否发放贷款。信息优势在一定程度上解决了正规金融机构在放贷中面临的信息不对称问题。二是违约情况少。由于借款人与放贷人的地缘接触，借款人碍于人情、血缘、地缘关系，一般会及时偿还贷款。即使到期未偿还，也会通过口头协商、延期还贷等方式达成偿还协议。三是担保灵活或不需要担保。非正规金融机构对贷款担保物品的要求更加宽松，或者仅仅因为地缘、血缘等原因不需要担保物，更能满足农户的临时性、季节性需要，也更受借款人欢迎。四是交易成本低。正是由于非正规金融具有的信息优势和担保优势，非正规金融机构的交易成本较低，不需要花费较大的成本调查了解借款人信息，也不需要严格的信贷审批，非正规金融具有较大的灵活性。

正是由于上述优势，非正规金融在新型农业经营主体各类信贷供给渠道中占据非常重要的地位。在 2010 年对我国北部地区的农户的调研中发现，农户非正规金融占七成以上，其中亲友借贷占97%[69]。《新型农业经营主体社会服务报告》显示：根据借款渠道和借款结构，龙头企业和农民专业合作社在满足资金需求方面以人情借贷和商业银行借贷为主，且龙头企业以民间借贷为第一大融资渠道，以商业银行为第二大融资渠道；家庭农场和专业大户的借款以民间借贷为主，银行借贷次之。具体而言，2017 年家庭农场和专业大户私人借款占比分别为 34.69% 和 40.02%。

在非正规金融中，由于具有一定的规模经营优势、信息和资源优势，新型农业经营主体是一种重要的非正规金融供给主体。根据《新型农业经营主体发展指数调查（二期）报告》，调查样本的新型农业经营主体中，21% 的新型农业经营主体对农户给予过信贷帮助，这一比例甚至高于正规金融机构提供的金融供给。此外，新型农业经营主体依靠自身的规模优势、良好的信誉，能够为农户提供信贷担保，这间接促进了农户与正规金融机构信贷交易的达成。调查样本中，有 44% 的新型农业经营主体以赊销农资的方式为农户提供金融支持，23%的新型农业经营主体以预付定金的方式为农户提供金融支持，25%的新型农业经营主体以提供贷款的方式为农户提供金融支持，30%的新型农业经营主体以提供担保的方式为农户提供金融支持，27%的新型农业经营主体以建立内部资金互助的方式为农户提供金融支持（见表2-10）。

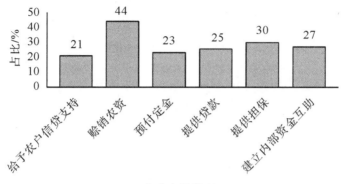

图 2-10　新型农业经营主体提供的金融支持

虽然非正规金融对缓解新型农业经营主体金融需求具有较大作用，但是非正规金融也存在一定的缺点。首先，其交易优势、担保优势、交易成本低的优势都建立在一定的地域范围之内。超出这一范围，非正规金融机构的交易成本将显著上升，这就决定了非正规金融的受众较小。其次，非正规金融多数资金来源有限，仅能满足个体农户资金量较少的、临时性的资金需求，与新型农业经营主体资金需求量大、周转期长的特点不相符。

（二）非正规金融需防范风险

虽然非正规金融具有一定的优势，但是我们必须清醒地认识到，非正规金融作为游离于金融监管之外的金融组织形式，其金融形式和操作模式无法受到有效监管，处于灰色地带，存在一定的风险。

一是风险控制手段落后。在非正规金融中，为了防范可能产生的违约风险，放贷人普遍采用高利息的方式来规避风险。但是当遭受自然风险、社会风险以及新型农业经营主体违约风险后，放贷人普遍会采取非正规途径来收回本金和利息，比如通过暴力手段，这种风险控制方式不仅容易造成更大的损失，还有可能造成人员伤亡。

二是可能导致经济纠纷。非正规金融的放贷人和受贷人普遍为农民，由于借贷手续简单、缺乏有效抵押物、缺乏金融监管，一旦受贷人无法偿还贷款，将产生经济纠纷。

三是缺乏法律保障。非正规金融组织多数为民间的松散组织，缺乏正规的财务管理、资金监管，极易发生风险。由于非正规金融不受政府监管，缺乏法律支持，甚至被法律禁止，因此运行中出现风险时，其缺乏相应的法律保障。

第三节　金融产品和服务难以满足金融需求

一、金融需求多样化与金融供给单一之间的矛盾

（一）新型农业经营主体金融需求多样化

随着新型农业经营主体经营规模逐渐扩大，金融需求逐步由传统的生产需求转向加工、流通、商贸等综合需求。其资金用途相应由土地流转前的生产和消费为主向生产、加工、消费、创业和投资转变，其金融需求贯穿生产经营周期的各个领域和各个环节，与之相适应的资金用途也必然多元化[70]。按照不同的划分方法，新型农业经营主体的金融需求可划分为不同的类型。按照资金在农业生产环节的不同，可以将金融需求分为生产性金融需求、流通性金融需求、服务性金融需求等。按照金融需求类型的不同，可将新型农业经营主体的金融需求划分为信贷需求、保险需求、期货需求三大类。本书认为，新型农业经营主体的金融需求在不同的发展阶段有不同的特点，因此按照不同阶段金融需求的不同，将新型农业经营主体的金融需求分为流动资金需求、固定资金需求、产业延伸资金需求、其他金融需求四大类。

流动性金融需求主要是指新型农业经营主体在发展初期支付农村土地流转费用、购买原材料和大型农机具等而产生的大量流动资金需求。流动性金融需求的特点主要体现在三个方面：一是流动性金融需求在各类金融需求中占比最大。调查显示，流动性金融需求在各类金融需求中的占比达到了60%以上。二是流动性金融需求具有显著的周期性特征。以种植业新型农业经营主体为例，其流动性资金需求一般与农作物种植周期相匹配。在种植阶段需要大量的流动性资金投入，在农作物成熟后即可归还。而养殖类新型农业经营主体则与养殖动物的成长周期相关。三是对不同类型新型农业经营主体的重要性不同。一般来说，专业大户、家庭农场等的流动资金需求量更大。这主要缘于这类新型农业经营主体是在原有个体农户基础上发展起来的，仍然以家庭为单位，自有资金较为有限，需要更多的流动资金来扩大再生产。

伴随新型农业经营主体生产规模的扩大，对仓储设备、农田水利基础设施

等方面的投入需求逐步增多，固定资金需求比例逐步增大。固定资金需求的特点主要体现在：一是资金需求金额较流动性资金需求大。同流动性资金需求相比，固定资金一般投入农业设备和基础设施建设方面，资金投入较大，自有资金缺口较大，需要金融机构更多的金融支持。二是资金需求期限较长。同流动性资金不同，固定资金需求属于固定资产投入，一般需要农业产生收益后才能将投入逐步回收，期限较长。这是由固定资产的特殊性决定的，固定资产可以在较长时期发挥作用，其价值是逐步转移和逐步实现的，所以回收期限也较长。三是新型农业经营主体规模越大，固定资金需求越大，规模经济效益越高。对于种养大户来说，更多的是流动资金的需求，而规模较大的家庭农场和专业合作社对固定资金的需求较大。同时由于固定资产具有一定的外溢性，使用次数越多，其经济效益越高。

新型农业经营主体发展到一定规模时，资金需求从单纯的农业生产逐步延伸到农产品加工、运输、存储、销售等全产业链，产生了对农业产业延伸资金的需求，新型农业经营主体的金融需求也由农业生产环节转向完整的农业生产链。其特点主要表现在：一是资金使用趋于链条化。不同于流动性资金主要投入原材料、土地流转等，固定资金主要投入固定生产设备，新型农业经营主体的产业延伸资金更多投入农业的加工、流通、运输、仓储等下游产业链环节，资金覆盖整个农业生产链。二是资金投入的附加价值高。由于资金主要投入农业生产的中游、下游环节，同上游的农业生产活动相比，资金投入能够产生更高的附加值，能够为新型农业经营主体带来更大的收益。

与新型农业经营主体多样化的金融需求相矛盾，金融机构在提供金融信贷时并未考虑新型农业经营主体的金融需求特点，而是直接将个体农户的金融需求等同于新型农业经营主体的金融需求，不具有针对性。

（二）新型农业经营主体金融需求差异化

不同类型的新型农业经营主体的金融需求特点不相同。以农业专业合作社为例。在发展初期，农业专业合作社在购买生产设备、农业化肥、种子等方面有大量的资金需求，随着生产规模的扩大，在土地租赁、劳务支出等方面也需要资金支持。其融资方式是：由农业专业合作社作为一个整体向金融机构提出信贷请求，合作社的每个成员都是借款人，相互之间提供担保，从而增加信贷信用度。农业合作社信贷具有以下几个特点：一是农业合作社是一个整体，作为一种组织形式，统一为其成员提供对内和对外的各种服务，如培训、销售、加工等。同时也统一为其成员解决资金问题，主要是满足生产经营和基础设施方面的资金需求。二是相比单个农民主体，农业合作社这种组织形式在信用建设、抵押品和担保等方面有一定的保障，但是同样会受到农业市场发展、自然灾害等不确定因素的影响，可能导致生产经营风险，因此其可获得的信贷额度有限。三是农业合作社的金融需求满足途径一般包括内源性融资和非正规金融信贷，其中正规金融信贷占比较低。农业合作社的内源性融资是指合作社成员在成立初期的投入来源于成员自发性入股和筹款，由于农民本身资金短缺，所以内源性融资较少。非正规融资是指农业合作社通过民间借贷等形式来解决资金短缺的问题。此外，政府财政贷款或贴息贷款、农业补助等也是解决农业合作社资金问题的有效途径。种养大户的资金来源包括自有资金、正规金融机构和非正规金融机构信贷资金。一般来说，种养大户规模越小，自有资金在其资金来源中的比例越大；规模越大，种养大户就越需要通过其他金融借贷的方式来解决金融需求问题。

金融机构仅仅笼统地开发针对新型农业经营主体的信贷产品，并未对构成新型农业经营主体的各类主体进行差异化分析，使得金融机构无法有效地满足各类新型农业经营主体的金融需求。

（三）金融机构产品供给单一

与新型农业经营主体金融需求多样化、金融需求差异化的特点相比，金融机构提供的金融产品单一，无法满足新型农业经营主体的需求（见表2-2）。以中国农业发展银行为例。目前中国农业发展银行在信贷分配上优先保障粮棉油收储、乡村振兴、国家重点工程、项目建设等政策性贷款，政策性金融供给取向特征明显。又如中国农业银行，目前开发的"三农"个人产品主要包括惠农e贷、金穗惠农卡、惠农信用卡、农户小额贷款、地震灾区农民住房贷款、农村个人生产经营贷款；开发的"三农"对公产品主要包括农村城镇化贷款、季节性收购贷款、县域商品流通市场建设贷款、化肥淡季商业储备贷款、农业产业化集群客户融信保业务、农村基础设施建设贷款。这些产品既无法满足新型农业经营主体的金融需求，也无法覆盖新型农业经营主体的金融需求。

金融机构的金融信贷供给与新型农业经营主体的金融需求在产业链上存在差异。农业产业链一般分为上游的生产环节、中游的加工环节和下游的销售环节，其附加值更多地体现在中、下游，金融机构也更愿意为中、下游的加工、销售主体提供金融支持。按照统计数据，2018年全国全年涉农贷款额为32.7万亿元，其中直接投入农业生产活动中的农林牧渔业贷款为4.251万亿元，占比为13%。更多的资金流入了农业产业链的中、下游环节（见图2-11）。

表 2-2　部分金融机构"三农"金融产品

中国农业 发展银行		粮棉油收储、乡村振兴、国家重点工程、项目建设等政策性贷款
中国农业银行	"三农"个人产品	惠农 e 贷、金穗惠农卡、惠农信用卡、农户小额贷款、地震灾区农民住房贷款、农村个人生产经营贷款
	"三农"对公产品	农村城镇化贷款、季节性收购贷款、县域商品流通市场建设贷款、化肥淡季商业储备贷款、农业产业化集群客户融信保业务、农村基础设施建设贷款
中国邮政 储蓄银行		传统农户小额贷款、农机购置补贴贷款、传统商户小额贷款、农民专业合作社贷款、家庭农场（专业大户）贷款、农业产业化链贷款、土地经营承包权贷款、再就业小额担保贷款、烟草贷款

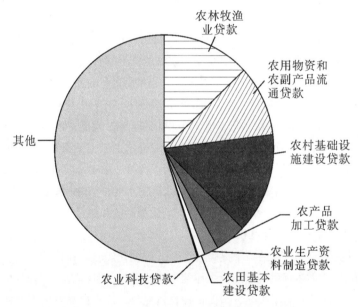

图 2-11　金融机构 2018 年涉农贷款按用途构成

二、信贷规模和期限利率与金融需求不匹配

（一）金融机构信贷期限与生产状况不匹配

同个体农户相比，新型农业经营主体由于对生产设备、基础设施建设、技术投入等方面的投资，对金融需求的规模较大、期限较长。一般来说，新型农

业经营主体的规模越大，金融需求规模也越大。特别是在新型农业经营主体发展较为成熟的东部沿海地区，一般的小额信贷已经无法满足新型农业经营主体的资金需求，新型农业经营主体需要更大的金融支持。据调查，新型农业经营主体融资存在的资金缺口普遍在 10 万元以上。农业部 2013 年对山东省齐河县、武城县的专题调研显示，经营 1 000 亩（1 亩≈666.67 平方米，下同）土地需要的资金在数百万元以上，用途主要包括土地租金、购买大型农机具、水利设施投入、购买化肥、大棚等农资，此外还包括加工、流通、商贸等方面的融资需求。林乐芬、法宁对 460 个新型农业经营主体的调研显示，有 68.2% 的新型农业经营主体得不到满足的资金需求金额在 10 万元以上，其中 10 万~15 万元的占比为 39.13%[71]。

农业生产的季节性，决定了新型农业经营主体的金融需求具有一定的季节性，同时农业资金具有先支后收的特点。农业生产具有一定的周期，普遍在 1 年以上。种植业生产周期一般在 1 年左右，蔬菜和水稻周期较短，但牧业、林业、果木类等周期一般都在 3 年以上。生产周期长导致农业生产资金被长期占用，无法快速回流。农业资金还需要投入农田、水利、道路等基础设施建设，需要从收益年得到补偿，也一定程度导致农业资金周转速度慢。

从金融机构提供的信贷产品期限来看，与农业生产的契合度还有待进一步提高。金融机构为了防范信贷风险，提供的普遍是 1 年左右的中短期信贷产品，中长期信贷产品的比重较低。对于期限较长的信贷产品，金融机构通过等额本金的方式要求新型农业经营主体偿贷，而新型农业经营主体生产经营周期较长，前期收入不稳定，采取这种偿贷方式的压力较大。此外，由于金融机构有资金流动性稳定的考核指标，这与新型农业经营主体金融需求的季节性、周期性较长的特征不相符，也在一定程度上制约了金融机构的放贷额度和放贷周期。

（二）金融机构信贷规模与生产状况不匹配

新型农业经营主体的一个显著特征是其规模化经营。在信贷额度上，金融机构应在逐步完善新型农业经营主体信用体系建设的基础上，结合其生产经营状况、资产状况、信用状况、担保抵押物情况等，逐步提高对新型农业经营主体的信贷额度。按照《中国人民银行关于做好家庭农场等新型农业经营主体金融服务的指导意见》，对从事种植业的专业大户和家庭农场贷款金额最高可为借款人农业生产经营所需投入资金的 70%，其他专业大户和家庭农场贷款金额最高可为借款人农业生产经营所需投入资金的 60%。家庭农场单户贷款原则上最高可达 1 000 万元。鼓励银行业金融机构在信用评定基础上对农民合作社示范社开展联合授信，增加农民合作社发展资金，支持农村合作经济发展。

但从实践来看，金融机构出于规避风险的需要，其发放的信贷额度普遍较低。由于获得的信贷额度无法满足自身金融需求，新型农业经营主体一般会选择转向非正规金融贷款。

（三）金融机构信贷利率与生产状况不匹配

合理的贷款利率要坚持市场化导向，以新型农业经营主体资金需求和金融机构金融供给为基础，按照资金供求规律来确定利率。金融机构在制定贷款利率时，既要从资金成本、风险、收益等方面考虑，也要从新型农业经营主体发展情况、金融市场发展程度等方面考虑，制定既能够满足金融机构盈利需求又能够满足新型农业经营主体资金需求的科学、合理的利率定价体系。

从实践来看，虽然新型农业经营主体已发展到一定阶段，但目前金融机构尚未制定针对新型农业经营主体的利率定价机制，仍然沿用传统的涉农贷款定价模型。如对农民专业合作社、家庭农场和种养大户普遍采用加点定价方式，即"贷款基准利率+上浮比例"，上浮比例的确定主要依据贷款用途、生产周期和贷款规模。这种定价方式未结合新型农业经营主体的实际情况，对其金融需求特征缺乏深入研究，无法客观反映新型农业经营主体的金融需求情况，导致金融机构对新型农业经营主体的定价偏高，出现"融资贵"的问题。在利率市场化条件下，要研究制定更加灵活的信贷定价方法，兼顾融资成本和银行的信贷积极性，从而最终达到提高资金配置效率的目的。

三、信贷服务无法满足新型农业经营主体需求

随着经济社会发展，新型农业经营主体对金融服务的需求逐步凸显。同个体农户相比，新型农业经营主体的规模化、专业化经营特点，使得其对结算、汇兑等金融服务的需求越来越多，加之新型农业经营主体生产经营活动技术含量高，更容易接受新的金融产品和金融服务，也使得金融服务成为其金融需求之一。但从实践来看，金融机构提供的更多是金融产品，对金融服务关注较少。

第四节 金融机构金融信贷风险防范机制缺失

一、农业保险供给现状

农业是国民经济的基础。农业在生产活动和经营活动中面临各种各样的风险，农业生产和经营活动存在诸多不确定性，作为转移农业风险的重要手段，

农业保险在国外已经有了较为成功的实践。我国农业保险自产生以来，经历了起步反复（1949—1981年）、恢复发展（1982—1993年）、持续萎靡（1994—2003年）、专业规划（2004—2006年）四个阶段。以2007年中央一号文件为标志，农业保险逐步进入规范发展阶段。2007年中央一号文件提出要按照政府引导、政策支持、市场运作、农民自愿的原则建立和完善农业保险体系。此外，还颁布了《中央财政种植业保险保费补贴管理办法》和《中央财政养殖业保险保费补贴管理办法》，正式启动政策性农业保险建设。2012年出台的《农业保险条例》，为农业保险提供了法规依据。

目前我国农业保险的经营模式主要有五类：商业保险、专业化农业保险、相互制农业保险、政策性农业保险共保体和外资农业保险（见表2-3）。

表2-3 我国农业保险的经营模式

类型	概念	保险公司	优势
商业保险	政府与商业保险公司签订协议，由保险公司代办保险业务	各个保险公司	1. 保险业务范围大，抗风险能力强； 2. 有专业人才和经营管理经验，便于开展业务
专业化农业保险	主要经营专业化农业保险的保险公司	上海安信农业保险股份有限公司、吉林安华农业保险股份有限公司、安徽国元农业保险股份有限公司	1. 能够获得政策扶持； 2. 聚焦农业的专业优势
相互制农业保险	有可能发生某些风险的经济组织为达到共同保障的目的采取公司形式建立的非营利性的保险组织，由参保人自行设立	黑龙江阳光农业相互保险公司	由于是保险人与被保险人的统一体，在一定程度上消除了信息不对称风险
政策性农业保险共保体	在政府的支持下，由2家及以上的保险公司开展农业保险业务，达成合作的保险公司之间按照约定来分担保险费、共同承担分享、共享扶持政策、共同提供服务	浙江省政策性农业保险共保体	分担风险

表2-3(续)

类型	概念	保险公司	优势
外资农业保险	银保监会通过引入外资农险公司,积极推动多渠道支持、多模式运作、多主体经营的农业保险业发展	法国安盟保险公司成都分公司	1. 强大的网络、资金及丰富的经营管理经验; 2. 险种全面,包含31个险种,其中15个险种为国内首创; 3. 每套产品包含财产、责任、人身、健康在内的系列险种; 4. 价格低廉

自2007年中央财政农业保险补贴政策实施以来,我国农险保费参保农户从2007年的4 981万户次增至2018年的1.95亿户次,提供农业风险保障从1 126亿元增加到3.46万亿元。2018年,我国农业保险赔款金额达到423.2亿元,占直接经济损失的16%,是中央财政下拨补助资金的3.7倍。2016—2019年,农业保险保费收入从417.1亿元增长到672.5亿元,提供风险保障从2.2万亿元增长到3.8万亿元。目前农业保险已经覆盖全国所有省份,主要承保的玉米、小麦和水稻三大口粮作物农业保险覆盖面已经超过70%,承保农产品超过200个,基本覆盖了农业的各个领域。为适应新型农业经营主体的需求,我国保险机构开发推出了大批地方特色优势的农产品保险产品,已有31个省(自治区、直辖市)启动或制订了价格保险试点方案,试点品种达到50多个[72]。财政部金融司相关领导表示,为进一步提高农业保险的使用效率,未来农业保险补贴将进一步向规模经营主体倾斜。

围绕服务"三农"发展,2019年农业保险为1.91亿户次农户提供风险保障3.81万亿元,向4 918万户次农户支付赔款560.2亿元。承保农作物品种超过270类,基本覆盖常见农作物。为进一步服务农业生产,我国农业保险条款不断升级,不断降低保险费率,简化流程,减轻农民负担;同时大幅增强保险公司责任,提高对农民的保障水平,提高农户的投保积极性。农产品价格试点扩展到26个省份,承保农作物增加到18种。以黑龙江为例,黑龙江在发展农业保险的同时,重点支持新型农业经营主体农业保险的发展。

二、农业保险难以满足新型农业经营主体需求

虽然我国农业保险取得了较好的成绩,但是同新型农业经营主体金融需求相比，还存在较大的差距。

（一）农业保险难以体现服务新型农业经营主体的特点

目前我国农业生产中既有个体小农户，也有以新型农业经营主体为主的现代农业代表，二者在生产经营方式、组织形式等方面差异明显，对农业保险的需求也完全不同。小农户由于其生产规模较小，可能遭受的农业风险较小，对农业保险需求意愿不强，而且农业保险费的高低对其是否购买农业保险产生决定性影响。而新型农业经营主体由于生产经营规模较大，可能遭受的农业风险更大，对农业保险的需求意愿较强烈。目前，我国农业保险没有将个体农户与新型农业经营主体二者区别对待，产品设计上无法体现二者的特点，造成小农户由于农业保险费过高不愿购买而新型农业经营主体由于农业保额过低以及农业保险效果不好也不愿购买的双重困境。

（二）农业保险覆盖面小

一方面，农业保险公司的产品供给与新型农业经营主体的需求不匹配。如山东省提供的农业保险主要是大棚保险，但农民却对大棚种植的蔬菜有较高的保险需求。不同新型农业经营主体种植内容不同，造成对农业保险的差异化较大。保险公司需要花费大量的人力、物力去核定保险费率、保额等，影响了保险公司的积极性。另一方面，新型农业经营主体参保率低。目前社会上对农业保险的认识不一，对农业保险是政策性保险还是商业性保险持不同观点，加之宣传力度小，公众认知不够。造成参保率低的主要原因包括：①新型农业经营主体参保意识不强，认为发生风险的可能性小；②新型农业经营主体普遍认为农业保险的赔付额较低，购买农业保险不划算。以山东寿光为例，2017 年全市共有温室大棚 14.7 万个，但参保大棚仅有 120 个，参保率仅为万分之八多一点。

（三）农业保险保障作用有限

当前中央财政补贴的农业保险险种多数是大宗农产品，缺乏对具有地方特色或者新型农业经营主体生产经营产品的特色险种，如一些特色蔬菜、水果、禽畜等，并未纳入中央财政的补贴范围，仅有部分地方依靠地方财政给予补贴。如山东寿光 2017 年受灾菜农虽然对农业保险有较高要求，但是现有政策性农业保险额仅为 6 000 元/亩，难以覆盖温室大棚的建设成本。

三、新的信贷风险防范需求无法得到满足

随着农业现代化的推进，新型农业经营主体对信贷风险防范和应对风险的金融产品提出了更多要求，特别是在保险和期货方面的需求更为强烈。

按照 2012 年《农业保险条例》关于农业和农业保险的界定，农业保险又大致可分为种植业农业保险和养殖业农业保险。同个体农户相比，新型农业经营主体由于生产规模更大、资金投入更多，在生产经营过程中面临的市场风险、自然灾害风险更多。而农业生产经营活动是新型农业经营主体的主要收入来源，在产生风险后新型农业经营主体的抗风险能力也更弱。因此，新型农业经营主体对农业保险的需求意愿更为强烈。

期货农业是将期货市场引入农产品交易中，也称为农产品订购合同或合同农业。订单中规定了农产品收购的数量、质量和最低保护价。期货农业将传统订单农业与现代期货市场深入结合，农产品购销各方充分利用期货市场的风险管理方法和信息引导机制，保障和推动订单农业的组织功能和信用功能全面、充分发挥[73]。期货农业在农业现代化进程中具有非常重要的作用，主要体现在：一是提高农业生产活动的科学性。农民可以利用期货市场上农产品价格来指导农业生产，从而减少生产的盲目性。二是将期货市场与订单定价结合起来，实现灵活定价。三是为农民增收提供保障。通过期货农业，农民提前与经营者签订价格保护协议，减少农民在市场上交易的风险，为农民增收提供保障。

第五节　基于 DEMATEL 模型的金融供给影响因素实证分析

一、影响因素分类与选择

根据前面对新型农业经营主体金融供需分析，以及现有文献资料对于新型农业经营主体金融供给影响因素的分析研究，结合农业主管部门相关资料和专家意见，研究发现新型农业经营主体金融供给受到经济基础、金融供给规模、金融供给结构、金融生态环境、经营主体状况、地方政府支持情况等方面的影响。本书遵循指标选取的科学性、全面性及系统性原则，概括总结出影响新型农业经营主体金融供给的 6 个维度，确定了新型农业经营主体金融供给的 21 个影响因素指标体系（见表 2-4）。

表 2-4　影响新型农业经营主体金融供给的因素

影响维度	影响因素
经济基础	C_1经济发展水平；C_2市场化程度
金融供给总量	C_3金融机构数量；C_4金融机构发放的信贷总额；C_5金融机构信贷意愿；
金融供给结构	C_6金融产品和金融服务的种类；C_7政策性金融供给情况；C_8商业性金融供给情况；C_9非正规金融供给情况；
金融生态环境	C_{10}信用体系建设情况；C_{11}产权明晰情况；C_{12}金融基础设施情况；C_{13}法律法规是否完善；C_{14}金融机构协同发展情况；C_{15}农业保险发展情况
新型农业经营主体状况	C_{16}新型农业经营主体受教育程度；C_{17}新型农业经营主体年龄情况；C_{18}新型农业经营主体统计制度情况；
地方政府支持情况	C_{19}政府财政供给情况；C_{20}地方信贷担保体系发展程度；C_{21}财政支持政策是否完善；

二、DEMATEL 模型的构建

DEMATEL（decision making trial and evaluation laboratory）称为"决策试验和评价实验法"，是将影响系统的复杂因素，通过系统分析的方法进行简化的一种分析方法。一个系统的发生和发展受到众多因素影响，这些因素之间的相互关系难以确定。为解决这个问题，DEMATEL 利用专家的经验和知识，对这些复杂的影响因素以及各类影响因素之间的相互关系进行分析，同时分析它们之间是否存在一定的逻辑关系，通过计算不同因素的影响程度和被影响程度，最终得出各个因素对问题影响的程度。选用这一模型来评价新型农业经营主体金融供给的影响因素具有科学性和可行性。对影响新型农业经营主体金融供需结构较大的因素进行整理，形成评价指标体系。这种评价既基于现实，又有理论依据，能够为研究提供很好的实证支持。

假设系统 $S=\{a, b, c, d\}$ 中 a，b，c，d 四个要素的关系如图 2-12 所示。其中每个箭头上的数字代表相互两个因素间影响关系强度：0＝无，1＝弱，2＝中，3＝强。

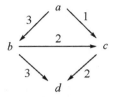

把图 2-12 表示为矩阵形式，称为直接影响矩阵 X^{d}。同图 2-12 一样，直接影响矩阵中的元素为相互两个要素之间影响关系的强弱。

$$X^{\mathrm{d}}= \begin{array}{c|cccc} & a\ b\ c\ d \\ \hline a & 0\ 3\ 1\ 0 \\ b & 0\ 0\ 2\ 3 \\ c & 0\ 0\ 0\ 2 \\ d & 0\ 0\ 0\ 0 \end{array}$$

根据这一方法，利用影响新型农业经营主体金融供给的 21 个因素构建直接影响矩阵。直接影响矩阵中两两要素影响强弱的对比，主要是通过专家打分法来确定。邀请农业金融领域的专家进行打分。如果 C_i 对 C_j 有直接影响，则第 i 行 j 列的数值根据影响强弱分别赋值 3、2、1；如果 C_i 对 C_j 无直接影响，则第 i 行 j 列数值为 0，据此得出直接影响矩阵。

接着，对直接影响矩阵 Y 进行标准化处理。标准化处理是先得出直接影响矩阵各行影响因素之和得出，然后取最大值；接着用各个影响因素除以之前得到的最大值，得到标准化矩阵。标准化计算公式和标准化矩阵 X 如下所示。

$$\begin{cases} x = \dfrac{y_{ij}}{y^+} \\ y^+ = \max\left\{ \displaystyle\sum_{j=1}^{n} y_{ij} \right\} \end{cases}$$

接下来，计算综合影响矩阵，综合影响矩阵计算公式为：$T = X(1-X)^{-1}$。

最后，计算各因素的影响度、被影响度、中心度、原因度。其中，影响度由综合影响矩阵 T 的各行元素之和计算得出，表示该因素对其他影响因素的综合影响值；被影响度由综合影响矩阵 T 的各列元素之和计算得出，表示该因素受其他因素的综合影响值；中心度是每个因素的影响度与被影响度之和，表示该元素在系统中的位置、起作用的大小；原因度是影响度与被影响度的差——原因度>0 表示该元素对其他要素的影响大，原因度<0 表示该元素受其他因素的影响大。

在对新型农业经营主体金融支持现状分析的基础上，通过邀请四川农业大学、四川省社科院、四川省金融办、四川省发改委、四川省农工委、四川省委党校、农业银行、农发行、上海显和咨询等机构和部门的 20 余位农业和农村金融专家进行充分讨论并打分评价，从而构建起相互影响的直接矩阵表（见表 2-5）。对直接矩阵进行标准化数据处理后得到标准化矩阵表（见表 2-6），最后计算得出综合影响因素矩阵表（见表 2-7）。

表 2-5　新型农业经营主体金融供给影响因素的直接影响矩阵Y

	C_1	C_2	C_3	C_4	C_5	C_6	C_7	C_8	C_9	C_{10}	C_{11}	C_{12}	C_{13}	C_{14}	C_{15}	C_{16}	C_{17}	C_{18}	C_{19}	C_{20}	C_{21}
C_1	0	3	1	2	0	2	1	3	1	3	3	1	2	2	2	1	0	0	1	0	0
C_2	3	0	3	2	1	1	3	3	0	2	2	0	3	1	1	0	0	0	1	0	0
C_3	2	2	0	3	0	1	2	3	1	2	1	1	3	0	0	0	0	0	0	1	0
C_4	2	0	3	0	0	1	2	2	1	2	2	1	2	1	1	0	0	0	0	2	0
C_5	0	0	2	3	0	1	1	3	2	1	0	1	2	3	2	0	2	2	0	2	1
C_6	1	1	3	1	0	0	0	1	2	1	0	0	1	1	1	0	0	0	1	1	0
C_7	0	1	2	1	1	0	0	1	0	0	0	0	1	0	2	0	0	1	2	3	2
C_8	1	1	3	1	1	1	1	0	0	0	1	1	0	0	1	1	0	2	0	1	1
C_9	0	0	0	0	0	0	0	0	0	0	0	0	0	0	0	0	0	0	0	0	0
C_{10}	1	2	2	2	2	2	0	2	0	0	2	0	2	1	1	0	0	0	0	1	0
C_{11}	2	2	2	2	1	2	0	2	0	0	0	2	0	0	1	0	0	0	0	0	0
C_{12}	0	0	2	1	1	1	0	0	0	0	0	0	0	0	0	0	0	0	0	0	0
C_{13}	2	2	2	2	3	1	0	1	0	2	1	0	0	1	0	0	1	0	0	0	1
C_{14}	1	2	2	1	1	1	0	2	0	1	1	0	1	0	0	0	0	0	0	1	1
C_{15}	1	1	1	2	1	1	2	1	0	0	0	0	1	0	0	0	1	1	1	1	1
C_{16}	1	0	0	0	2	0	0	0	0	0	0	0	0	0	0	0	0	0	0	0	0
C_{17}	0	0	0	0	1	0	0	0	1	0	0	0	0	0	0	0	0	0	0	0	0
C_{18}	0	0	1	0	2	0	0	0	0	0	0	0	0	1	0	0	0	0	0	1	0
C_{19}	1	1	0	0	0	0	0	0	0	0	0	0	0	1	1	0	0	0	0	1	0
C_{20}	1	1	2	1	2	0	2	0	0	1	0	1	0	1	0	0	0	2	0	0	1
C_{21}	1	1	0	0	2	0	2	1	0	0	0	0	0	0	0	0	0	1	0	0	0

表 2-6　新型农业经营主体金融供给影响因素的标准化矩阵X

	C_1	C_2	C_3	C_4	C_5	C_6	C_7	C_8	C_9	C_{10}	C_{11}	C_{12}	C_{13}	C_{14}	C_{15}	C_{16}	C_{17}	C_{18}	C_{19}	C_{20}	C_{21}
C_1	0.000	0.107	0.036	0.071	0.000	0.071	0.036	0.107	0.036	0.107	0.107	0.036	0.071	0.071	0.071	0.036	0.000	0.000	0.036	0.000	0.000
C_2	0.107	0.000	0.088	0.059	0.029	0.029	0.088	0.088	0.000	0.059	0.059	0.000	0.088	0.029	0.029	0.000	0.000	0.000	0.029	0.000	0.000
C_3	0.071	0.071	0.000	0.107	0.000	0.036	0.071	0.107	0.036	0.071	0.036	0.036	0.107	0.000	0.000	0.000	0.000	0.000	0.000	0.036	0.000
C_4	0.071	0.000	0.107	0.000	0.000	0.036	0.071	0.071	0.036	0.071	0.071	0.036	0.071	0.036	0.036	0.000	0.000	0.000	0.000	0.071	0.000
C_5	0.000	0.000	0.107	0.107	0.000	0.036	0.036	0.107	0.071	0.036	0.036	0.036	0.071	0.107	0.071	0.000	0.071	0.071	0.000	0.071	0.036
C_6	0.036	0.036	0.071	0.036	0.036	0.036	0.000	0.036	0.000	0.036	0.000	0.000	0.036	0.036	0.036	0.000	0.000	0.000	0.036	0.036	0.000
C_7	0.000	0.036	0.071	0.036	0.036	0.000	0.000	0.036	0.000	0.000	0.000	0.000	0.000	0.000	0.071	0.036	0.000	0.036	0.071	0.107	0.071
C_8	0.036	0.036	0.107	0.036	0.036	0.036	0.036	0.000	0.000	0.036	0.036	0.036	0.000	0.000	0.000	0.036	0.000	0.071	0.000	0.036	0.036
C_9	0.000	0.000	0.071	0.000	0.036	0.071	0.000	0.000	0.000	0.000	0.000	0.000	0.000	0.036	0.000	0.000	0.000	0.000	0.000	0.000	0.000
C_{10}	0.036	0.071	0.071	0.071	0.071	0.071	0.000	0.071	0.000	0.071	0.071	0.000	0.071	0.000	0.000	0.000	0.000	0.000	0.000	0.000	0.000
C_{11}	0.071	0.071	0.071	0.071	0.071	0.036	0.000	0.071	0.071	0.071	0.000	0.000	0.000	0.036	0.036	0.000	0.000	0.000	0.000	0.000	0.000

表2-6（续）

	C_1	C_2	C_3	C_4	C_5	C_6	C_7	C_8	C_9	C_{10}	C_{11}	C_{12}	C_{13}	C_{14}	C_{15}	C_{16}	C_{17}	C_{18}	C_{19}	C_{20}	C_{21}
C_{12}	0.000	0.000	0.071	0.036	0.036	0.036	0.000	0.000	0.000	0.000	0.000	0.000	0.000	0.036	0.000	0.000	0.000	0.000	0.000	0.000	0.000
C_{13}	0.071	0.071	0.071	0.071	0.107	0.036	0.036	0.036	0.000	0.071	0.036	0.000	0.000	0.036	0.036	0.000	0.000	0.036	0.000	0.000	0.036
C_{14}	0.036	0.071	0.071	0.036	0.036	0.036	0.000	0.071	0.000	0.036	0.036	0.000	0.036	0.000	0.000	0.000	0.000	0.000	0.000	0.036	0.036
C_{15}	0.036	0.036	0.036	0.071	0.036	0.036	0.071	0.036	0.000	0.000	0.036	0.000	0.036	0.000	0.000	0.000	0.000	0.036	0.036	0.036	0.036
C_{16}	0.036	0.000	0.000	0.000	0.071	0.036	0.000	0.000	0.036	0.036	0.000	0.000	0.000	0.000	0.000	0.000	0.000	0.000	0.000	0.000	0.000
C_{17}	0.000	0.000	0.000	0.000	0.036	0.000	0.000	0.000	0.000	0.000	0.000	0.000	0.000	0.000	0.000	0.000	0.000	0.000	0.000	0.000	0.000
C_{18}	0.000	0.000	0.000	0.000	0.071	0.000	0.000	0.000	0.000	0.000	0.000	0.000	0.036	0.000	0.000	0.000	0.000	0.000	0.036	0.000	0.000
C_{19}	0.036	0.036	0.036	0.036	0.036	0.000	0.071	0.000	0.000	0.036	0.000	0.000	0.036	0.000	0.036	0.036	0.000	0.071	0.000	0.036	0.036
C_{20}	0.036	0.036	0.071	0.036	0.071	0.000	0.071	0.000	0.000	0.036	0.000	0.000	0.000	0.000	0.036	0.000	0.000	0.071	0.000	0.000	0.036
C_{21}	0.036	0.036	0.000	0.000	0.071	0.000	0.071	0.036	0.000	0.000	0.000	0.000	0.000	0.000	0.000	0.000	0.000	0.036	0.000	0.000	0.000

表 2-7 新型农业经营主体金融供给影响因素的综合影响矩阵 T

	C_1	C_2	C_3	C_4	C_5	C_6	C_7	C_8	C_9	C_{10}	C_{11}	C_{12}	C_{13}	C_{14}	C_{15}	C_{16}	C_{17}	C_{18}	C_{19}	C_{20}	C_{21}
C_1	0.000	0.120	0.037	0.077	0.000	0.077	0.037	0.120	0.037	0.120	0.120	0.037	0.077	0.077	0.077	0.037	0.000	0.000	0.037	0.000	0.000
C_2	0.120	0.000	0.097	0.063	0.030	0.030	0.097	0.097	0.000	0.063	0.063	0.000	0.097	0.030	0.030	0.000	0.000	0.000	0.030	0.000	0.000
C_3	0.077	0.077	0.000	0.120	0.000	0.030	0.097	0.120	0.037	0.077	0.037	0.037	0.120	0.030	0.000	0.000	0.000	0.000	0.000	0.037	0.000
C_4	0.077	0.000	0.120	0.000	0.000	0.037	0.077	0.077	0.037	0.077	0.077	0.037	0.077	0.037	0.037	0.000	0.000	0.000	0.000	0.077	0.000
C_5	0.000	0.000	0.120	0.120	0.000	0.037	0.037	0.120	0.077	0.037	0.037	0.037	0.077	0.120	0.077	0.000	0.077	0.077	0.000	0.077	0.037
C_6	0.037	0.037	0.077	0.037	0.037	0.037	0.037	0.037	0.077	0.037	0.000	0.000	0.037	0.037	0.037	0.000	0.000	0.000	0.037	0.037	0.000
C_7	0.000	0.037	0.120	0.120	0.037	0.000	0.000	0.037	0.077	0.037	0.000	0.000	0.000	0.000	0.077	0.037	0.000	0.037	0.077	0.120	0.077
C_8	0.037	0.037	0.077	0.037	0.037	0.037	0.037	0.000	0.000	0.037	0.037	0.037	0.037	0.120	0.037	0.037	0.000	0.077	0.000	0.037	0.037
C_9	0.000	0.000	0.077	0.000	0.037	0.000	0.000	0.000	0.000	0.000	0.000	0.000	0.000	0.000	0.000	0.000	0.000	0.000	0.000	0.000	0.000
C_{10}	0.037	0.077	0.077	0.077	0.077	0.077	0.000	0.077	0.000	0.077	0.077	0.000	0.077	0.077	0.037	0.000	0.000	0.000	0.000	0.000	0.000
C_{11}	0.077	0.077	0.077	0.077	0.077	0.037	0.000	0.077	0.000	0.077	0.000	0.000	0.000	0.037	0.037	0.000	0.000	0.000	0.000	0.000	0.000

表2-7（续）

	C_1	C_2	C_3	C_4	C_5	C_6	C_7	C_8	C_9	C_{10}	C_{11}	C_{12}	C_{13}	C_{14}	C_{15}	C_{16}	C_{17}	C_{18}	C_{19}	C_{20}	C_{21}
C_{12}	0.000	0.000	0.077	0.037	0.037	0.037	0.037	0.000	0.000	0.000	0.000	0.000	0.000	0.037	0.000	0.000	0.000	0.000	0.000	0.000	0.000
C_{13}	0.077	0.077	0.077	0.037	0.037	0.037	0.000	0.037	0.000	0.077	0.037	0.000	0.000	0.037	0.037	0.000	0.000	0.037	0.000	0.000	0.037
C_{14}	0.037	0.077	0.077	0.077	0.120	0.037	0.000	0.037	0.000	0.077	0.037	0.000	0.037	0.037	0.000	0.000	0.000	0.000	0.000	0.037	0.037
C_{15}	0.037	0.077	0.037	0.037	0.037	0.037	0.000	0.077	0.000	0.037	0.000	0.000	0.037	0.000	0.000	0.000	0.000	0.037	0.037	0.037	0.037
C_{16}	0.037	0.037	0.037	0.037	0.077	0.037	0.077	0.037	0.000	0.000	0.000	0.000	0.000	0.000	0.000	0.000	0.037	0.000	0.000	0.000	0.037
C_{17}	0.037	0.000	0.000	0.000	0.077	0.000	0.000	0.000	0.000	0.037	0.000	0.000	0.000	0.000	0.000	0.000	0.000	0.000	0.000	0.000	0.000
C_{18}	0.000	0.000	0.000	0.000	0.037	0.000	0.000	0.000	0.037	0.000	0.000	0.000	0.000	0.000	0.000	0.000	0.000	0.000	0.000	0.000	0.000
C_{19}	0.000	0.000	0.037	0.000	0.077	0.000	0.000	0.000	0.000	0.000	0.000	0.000	0.037	0.000	0.000	0.000	0.000	0.000	0.037	0.000	0.000
C_{20}	0.037	0.037	0.077	0.037	0.077	0.000	0.077	0.000	0.000	0.037	0.000	0.000	0.037	0.000	0.037	0.000	0.000	0.077	0.000	0.000	0.037
C_{21}	0.037	0.037	0.000	0.000	0.077	0.000	0.077	0.037	0.000	0.000	0.000	0.000	0.000	0.000	0.000	0.000	0.000	0.037	0.000	0.000	0.000

三、综合相关关系分析

根据各因素的综合相关关系，经过比较影响程度发现，所有因素对新型农业经营主体金融供给的影响度均大于 0（见表 2-8），表明这些因素是新型农业经营主体金融供给的重要影响因素。从被影响度可以看出，所有因素对新型农业经营主体金融供给的被影响度均大于 0，说明他们对其他因素的影响较大，是影响新型农业经营主体金融供给的重要因素（见表 2-8）。对各因素的中心度的比较显示，影响新型农业经营主体金融供给因素的重要程度依次为 C_3 金融机构数量、C_5 金融机构信贷意愿、C_1 经济发展水平、C_4 金融机构发放的信贷总额、C_8 商业性金融供给情况、C_2 市场化程度、C_{13} 法律法规是否完善、C_{10} 信用体系建设情况、C_7 政策性金融供给情况、C_{15} 农业保险发展情况、C_{11} 产权明晰情况、C_{20} 地方信贷担保体系发展程度、C_6 金融产品和金融服务的种类、C_{14} 金融机构协同发展情况、C_{21} 财政支持政策是否完善、C_{18} 新型农业经营主体统计制度情况、C_{19} 政府财政供给情况、C_9 非正规金融供给情况、C_{12} 金融基础设施情况、C_{16} 新型农业经营主体受教育程度、C_{17} 新型农业经营主体年龄情况。通过对各因素原因度的比较，发现 C_3、C_4、C_7、C_8、C_9、C_{17}、C_{18} 的原因度为负，表明这些因素受其他因素的影响较大，为结果要素，而其他因素为原因要素。

表 2-8　新型农业经营主体金融供给影响因素的综合相关关系分析

因素	影响度	被影响度	中心度	原因度
C_1	1.071	0.620	1.848	0.326
C_2	1.012	0.621	1.610	0.082
C_3	0.954	0.367	2.113	−0.407
C_4	0.652	0.750	1.753	−0.066
C_5	0.821	0.745	2.029	0.213
C_6	0.426	0.623	1.085	0.050
C_7	0.436	0.405	1.319	−0.020
C_8	0.424	0.944	1.628	−0.271
C_9	0.030	0.277	0.416	−0.188
C_{10}	0.718	0.716	1.476	0.051

表2-8(续)

因素	影响度	被影响度	中心度	原因度
C_{11}	0.527	0.664	1.171	0.128
C_{12}	0.152	0.498	0.410	0.040
C_{13}	0.716	0.688	1.511	0.017
C_{14}	0.428	0.563	1.014	0.115
C_{15}	0.460	0.553	1.119	0.004
C_{16}	0.184	0.091	0.262	0.040
C_{17}	0.061	0.000	0.151	−0.003
C_{18}	0.307	0.121	0.567	−0.191
C_{19}	0.275	0.307	0.555	0.044
C_{20}	0.366	0.620	1.100	0.034
C_{21}	0.555	0.400	0.601	0.003

四、导致金融供需矛盾的影响因素分析

根据综合相关关系分析可以得出,导致新型农业经营主体金融供需矛盾的原因主要包括经济发展水平、市场化程度、金融机构信贷意愿、金融产品和金融服务的种类、信用体系建设情况、产权明晰情况、金融基础设施情况、法律法规是否完善、金融机构协同发展情况、农业保险发展情况、新型农业经营主体受教育程度、新型农业经营主体统计制度情况、地方信贷担保体系发展程度、财政支持政策是否完善14个影响因素,根据这些影响因素的类型可将其归纳综合为以下方面。

(一)外部环境

外部环境是新型农业经营主体金融支持体系构建的外部基础。农村经济发展水平的高低与农村金融市场发展的完善程度有直接关系。经济发展水平越高,市场化程度越高,金融市场越完善,越能够促进经济的发展。因此,构建新型农业经营主体金融支持体系应该放在我国乡村振兴和金融市场化的大背景下来考量。同时,相关金融机构针对新型农业经营主体的融资需求,在金融产品、抵押担保和服务方式等方面进行不断创新尝试,但也面临外部环境发展不完善、内部相关政策不配套、抵押担保难等问题。

（二）金融供给体系

在上述影响因素中，金融机构信贷意愿、金融机构协同发展情况属于金融供给体系的重要内容。从金融机构信贷意愿来看，虽然新型农业经营主体金融供需矛盾有多种因素影响，但其中一个非常重要的原因是金融机构的信贷意愿低。提高金融机构的信贷意愿是提高金融供给数量的关键。金融机构协同发展也是影响新型农业经营主体金融供给非常重要的原因。改革开放以来，经过多个发展阶段，我国已经初步构建了"三位一体"的农村金融体系。但是由于不同类型金融机构之间缺乏协同，以致不同类型的金融供给分散化，造成了资源浪费。

（三）金融产品和服务创新体系

金融产品和服务创新体系主要基于两个方面的考虑。一方面是新型农业经营主体发展的新趋势。随着经济社会的发展，新型农业经营主体的内容不断充实，发展特点不断演变。适应新型农业经营主体的发展情况和发展特点，金融产品和金融服务也需要不断创新。金融产品和服务体系创新滞后，是造成金融供需结构失衡的重要影响因素之一。另一方面是金融产品和金融服务不断创新。随着经济发展水平和市场化程度的提高，我国金融市场不断发展，新的产品不断涌现，信贷金融服务不断诞生。但是金融产品和金融服务的创新针对不同主体有不同的特点，所以必须结合新型农业经营主体的特点进行创新，才能提高金融供给效率。

（四）农业风险缓释和农业担保体系

农业是一种弱质性产业，极易受到自然风险、市场风险、技术风险等的影响，需要建立一定的风险缓释机制和农业担保体系。风险缓释机制也就是农业保险体系，通过创新农业保险品种、健全农业保险大灾风险分散机制、加大对农业保险的扶持力度、加强对农业保险的监管等进一步完善现有农业保险体系。信贷担保体系也是提高金融机构放贷积极性的重要影响因素之一，构建以政策性支持为主的信贷担保体系能够在一定程度上稀释金融机构由于提供信贷可能遭受的损失。此外"保险+期货"作为一种金融产品的创新，将期货市场与金融市场结合起来，通过期货市场来降低农业生产活动可能遭受的市场风险。因此"保险+期货"应成为降低新型农业经营主体风险的重要组成部分。

（五）配套支撑体系

新型农业经营主体金融支持体系作用的发挥有赖于完善的配套支撑体系，包括影响因素中的农业经营主体信用体系建设情况、农村土地金融发展情况、农村金融基础设施配套、农村金融法律法规完善、新型农业经营主体受教育程度、财政支持政策制定及完善、农业保险体系建立、新型农业经营主体统计制度建立情况等方面。完善的配套支撑政策和基础设施能够为金融支持体系的作用发挥提供强有力的保障，也能够保证金融支持体系的可持续发展。

本章小结

本章主要对新型农业经营主体金融支持的供需现状进行了分析，重点对新型农业经营主体面临的融资难、融资贵等问题和金融支持体系存在的问题进行了深入分析。新型农业经营主体在获得金融支持方面仍然面临着严重的融资困境，金融需求得不到有效满足；金融供给与金融需求存在量和结构上的矛盾。在此基础上，运用 DEMATEL 模型筛选出影响新型农业经营主体金融支持供给的关键因素。这些研究的开展，为后面构建新型农业经营主体金融支持体系提供了思路，指明了方向，也为有针对性地提出破解融资难、融资贵问题奠定了基础。

第三章 新型农业经营主体金融支持体系的总体框架

目前我国"三位一体"的农村金融体系，为解决农业、农村、农民信贷问题做出了较大贡献，但农村金融体系对新型农业经营主体的支持目前还存在金融供给无法满足金融需求、金融工具和金融服务创新不足、金融风险补偿机制缺失等问题，需要系统性构建和完善，以便更好地满足新型农业经营主体的金融需求。

第一节 构建新型农业经营主体金融支持体系的原则

一、聚焦农村金融供给侧结构性改革原则

根据前面对我国新型农业经营主体金融需求与金融机构金融供给之间矛盾的分析可以看出，我国新型农业经营主体金融需求满足方面存在的最突出的问题是供给总量难以满足需求总量。吉林省社会科学院研究员郭连强等认为我国改革开放40余年来，农村金融改革中一个非常重要的特征是以结构调整为重点，包括供给主体、供给总量、供给形式在内的供给端改革。虽然在满足农业、农村、农民金融需求方面取得了极大的成效，但随着我国农村经济与社会加快转型，农村金融供给侧改革仍然难以满足金融需求[74]。新型农业经营主体乃一新生事物，但在金融供给方面对其重视不够、改革不够的现象尤为突出。金融机构并未将新型农业经营主体作为一种单独的金融服务对象从个体农户中单列出来，未针对新型农业经营主体的金融需求类型、需求特点、需求规模等开发和提供相应的金融产品和金融服务。

因此，构建新型农业经营主体金融支持体系，要更加突出和重视供给侧结构性改革，提高供给总量和供给质量，更好地满足新型农业经营主体的需要。从供给主体看，按照金融监管要求，现有农村金融体系仅仅包括了政策性、合作性、商业性三类金融机构，这既没有体现当前非正规金融在新型农业经营主体金融供给中的重要地位，也远远无法满足新型农业经营主体的金融需求。此外，既有的金融体系也存在商业金融出于逐利考虑逃离农村的现象，金融供给有效性很低。在这种情况下，必须坚持以农村金融供给侧结构性改革为导向。这主要包括两个方面的内容：一是最大化地充实完善供给主体。随着我国农村经济的转型，农村金融市场上出现了诸多供给主体。以民间借贷为主的非正规金融以及一些新型农村金融机构都应该成为新型农业经营主体金融支持体系的金融供给主体。二是最大化地提高供给总量。不同类型金融机构具有不同的供给特点，最大化地发挥自身优势，能够为新型农业经营主体提供多样化的金融产品和服务，从而满足新型农业经营主体多样化的金融需求。目前农村已经出现了很多如证券、信托、融资、期货、担保等新的金融供给形式，并且表现出了良好的发展势头。此外，如互联网金融、供应链金融等新的金融供给模式也丰富了金融供给产品和服务内容，这些都应该成为新型农业经营主体金融支持体系的重要内容。

二、问题导向与产品创新相结合原则

始终坚持问题导向，运用 DEMATEL 模型分析影响新型农业经营主体金融供需的原因，在此基础上建立了新型农业经营主体金融支持体系。构建金融组织体系是为了解决目前新型农业经营主体金融供给总量不足的问题。在现有"三位一体"农村金融体系的基础上，将新型农村金融组织和非正规金融纳入其中，充分发挥二者的优势，最大限度地弥补现有农村金融供给的不足。通过明确不同类型金融机构的实施重点，来体现差异性和协同性原则。在产品和服务创新体系中，一方面进一步优化现有信贷产品，另一方面对农业供应链融资、直接融资、互联网融资、融资租赁等农业金融产品的最新发展趋势进行统筹考虑，满足了新型农业经营主体新的金融需求。坚持问题导向，体现在对现有农村金融体系的创新，也体现在对产品和服务体系的创新。

三、主体因素与客观因素统筹结合原则

从影响因素的角度，可将影响新型农业经营主体金融供给的因素划分为主体因素与客观因素。主体因素是指农村金融供给机构作为供给主体的影响因

素。其中金融供给体系针对的是新型农业经营主体金融供给的数量，而产品和服务创新体系针对的是新型农业经营主体供给的质量。客观因素是指外部存在的影响新型农业经营主体金融机构提供金融产品和金融服务的因素，这里主要概括为农业保险体系不健全、农业信贷担保体系不完善、配套支撑体系不完善等，这些问题需要依靠构建新型农业经营主体金融支持的信贷风险补偿机制和配套支撑体系来解决。

四、政府调控与市场机制协调配合原则

农村金融体系是我国经济社会体系的重要组成部分，必须根据经济社会发展情况不断进行调整。"新型农业经营主体"概念是党的十八大以后才提出的，到目前为止已有近十年的时间。新型农业经营主体金融支持体系一方面要反映和体现农村金融体系的内容，另一方面也必须结合其自身发展阶段和特点进行阶段性安排。以美国为例。美国是农业大国，家庭农场在农业发展中起了非常重要的作用，年产值50万美元以上的农场贡献了农业总产值的60%以上。美国农业高度发达得益于其金融支持体系。美国农村金融体系经历了"政府起主导作用—政府与商业金融共同发挥作用—商业金融发挥主导作用"的发展阶段。到目前为止，在美国整个信贷体系中，商业信贷占比最大，商业银行和保险公司是最主要的商业信贷机构，商业银行为家庭农场提供的贷款达到了53%左右[75]。

新型农业经营主体金融支持体系应该符合新型农业经营主体在不同发展阶段的不同需求和特点，其本质也就是正确处理政府与市场的关系。在构建新型农业经营主体金融支持体系中，要坚持政府与市场、"看得见的手"与"看不见的手"相结合的原则，处理好二者的关系。新型农业经营主体的金融支持体系，需要市场发挥作用引导资金流动，也需要政府来应对市场失灵导致的资金配置不合理。政府的宏观调控和市场的自发调节，能够有效解决新型农业经营主体融资难、融资贵的问题。以供给体系为例，新型农业经营主体金融供给体系应分为"政策性金融与合作性金融发挥主导作用""政策性金融机构、合作性金融机构与商业性金融机构共同发挥作用""商业性金融发挥主导作用"三个发展阶段。在不同的阶段，金融机构在金融支持体系中的地位和作用不同。我国目前还处于第一阶段，主要依靠政策性金融与合作性金融共同发挥主导作用，在供给总量和供给结构上更好地满足新型农业经营主体的金融需求。在新型农业经营主体发展到一定阶段，其对我国农业发展、个体农户的带动作用更为凸显时，要逐步引导商业性金融机构发挥其作用。通过发挥商业性金融

机构的资金规模大、创新能力强的优势，更好地促进新型农业经营主体发展壮大，最终过渡到商业性金融为主的阶段，从而达到市场在新型农业经营主体金融供需中起决定性作用的目的。

第二节　金融支持体系三大主体目标定位

一、培育和支持新型农业经营主体

在新型农业经营主体金融支持体系中，三大子系统工作重点有所不同，但是其最终目标都是完善对新型农业经营主体的金融服务，改变现有新型农业经营主体融资难、融资贵的困境。各个金融机构和保险机构应该将支持和服务新型农业经营主体作为自身工作的重要内容，在每年的信贷中安排一定比例用于支持新型农业经营主体；同时要结合新型农业经营主体的发展实际，不断开发适销对路的金融产品和金融服务。金融机构，特别是商业性金融机构要将服务新型农业经营主体和自身利益最大化结合起来，寻找到合适的均衡点。金融机构和保险机构要相互协同，通过充分发挥金融机构资金规模大的优势和保险机构降低农业风险的优势，实现"1+1>2"的金融支持效果。

二、进一步完善农村金融服务体系

新型农业经营主体金融支持体系是我国农村金融服务体系的重要组成部分，也是我国农村金融服务体系发展到一定阶段的产物。新型农业经营主体作为我国实施乡村振兴战略的重要主体，作为我国联结小农户和大市场并最终实现我国农业现代化的重要着力点，其金融支持体系应该成为我国农村金融服务体系的重要组成部分。因此，新型农业经营主体金融支持体系，将促进我国农村金融服务体系进一步完善。

三、助力乡村振兴战略落地实施

在实施乡村振兴战略的过程中，新型农业经营主体是重要的主体。新型农业经营主体联结着小农户和大市场，能够改变单个农户在面对市场过程中的弱势地位。小农户在我国仍占据较大比例，新型农业经营主体自身的优势决定了其在我国农业现代化过程中的重要地位。从国外经验看，美国的大型家庭农场，虽然比重较小，但是对农业总产值的贡献达到了60%以上。相比美国，我国新型农业经营主体的重要作用还未充分发挥，还有较大的发展潜力。要充分发挥新型农业经营主体的作用，就必须解决新型农业经营主体资金短缺这一关键问题。所以，构建新型农业经营主体金融支持体系是推动新型农业经营主体发展壮大的重要着力点，也是助力乡村振兴战略实施的重要着力点。

第三节　新型农业经营主体金融支持体系构成

为支持农业快速发展，西方发达国家都建立起了完善的农业金融支持体系。虽然各国国情不同，但各国的农业金融支持体系都比较完善，既有商业性金融机构，也有合作性金融机构和政策性金融机构，不同类型的金融机构互为补充，共同服务农业生产和经营发展。

尽管各国农业金融支持体系有所不同，但有其共同点，主要体现在：一是金融支持体系由不同类型的金融机构共同构成。一个完整的农业金融支持体系应当包括商业性金融组织、合作性金融组织和政策性金融组织。在金融支持体系中，不同类型的金融机构充分发挥自身优势，为农业发展提供金融支持。以美国为例，美国构建的是多元农业金融支持体系，包括联邦土地银行、联邦中期信贷银行、合作社银行在内的合作性金融机构。合作性金融组织在美国农业金融支持体系中占据主要地位，特别是在中长期贷款方面。在短期信贷方面，商业金融和个人信贷发挥了重要作用[76]。二是农业金融支持体系以服务农业、农村、农民为最终目标。虽然美国起主导作用的是商业金融机构，日本、德国、法国等起主导作用的是合作性金融机构，但是不同类型的金融支持体系都以服务农业发展为目标，为农业发展提供充足的资金保障。特别是德国，几乎所有的银行金融机构都设立了农业金融业务，为农业发展保驾护航。

根据新型农业经营主体金融支持体系的构建原则和国外经验，结合目前我国新型农业经营主体金融供给中存在的问题，本书认为新型农业经营主体金融支持体系应该包括多元的金融供给组织体系、融资产品服务体系、农业信贷风险补偿体系三部分（见图3-1）。

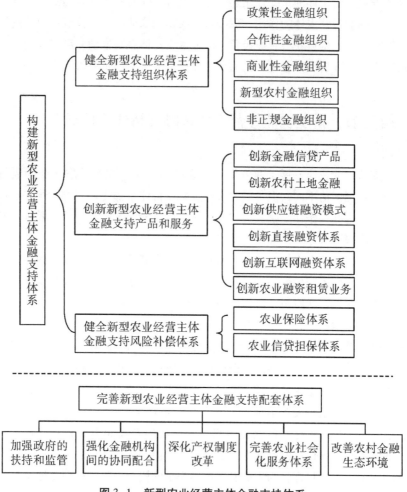

图 3-1　新型农业经营主体金融支持体系

一、新型农业经营主体金融供给组织体系

新型农业经营主体金融供给组织体系是指由金融供给主体构成的体系，是在现有"三位一体"农村金融体系的基础上，建立更加开放、更加协调、更加有竞争力的由各类金融供给机构和组织构成的金融供给组织体系。

同现有农村金融支持体系相比，基于协同视角的新型农业经营主体金融组织体系更加强调不同金融机构之间的协调、协同。在发挥不同类型金融机构优势的基础上，通过建立一定的功能互补体系，实现不同金融机构之间的相互协调。现有金融供给体系中，金融机构各自为政，各金融机构无法掌握其他金融机构的金融供给情况，造成了资金支持的碎片化。建立更加开放的新型农业经营主体金融供给组织体系能够打破原有不同类型金融机构之间的封闭局面，形成相互协调有力的新型农业经营主体金融供给局面。这种金融供给组织体系的优势主要体现在：一是能够在不同类型金融机构之间实现信息、资源等的共享。通过构建更加开放的金融供给组织体系，能够实现不同类型金融机构之间资源共享、信息共享，实现金融资源配置效率的最大化。现有政策性金融、合作性金融、商业性金融"三位一体"的农村金融体系，虽然支持重点、类型有所不同，但是在服务"三农"发展这一目标上是相同的。二是能够有效促进市场竞争。建立更加开放、更加协调的新型农业经营主体金融供给体系能够打破现有农村金融市场的垄断，提高不同类型金融机构对新型农业经营主体金融供给的积极性，提高他们创新金融产品和金融服务的积极性，从而提高金融供给效率，更好地实现新型农业经营主体金融需求与金融机构金融供给之间的协调。三是能够发挥非正规金融的金融支持作用。从大金融理念出发构建的新型农业经营主体金融供给体系，将非正规金融纳入其中，既是对目前非正规金融在农村金融市场和新型农业经营主体金融供给中重要地位的认可，也是建立更加开放的金融支持体系的需要。

二、新型农业经营主体金融产品和服务体系

随着经济社会的发展，新型农业经营主体对金融产品和金融服务等融资工具的需求不断发生变化。构建金融产品和服务创新体系，既能够满足新型农业经营主体一般性的金融需求，也能够满足新型农业经营主体多样化的金融需求。

相对于传统个体农户来说，新型农业经营主体在资金需求量、需求类型、需求特点上有其自身独特之处。目前农村金融体系提供的产品较少，多数限于传统的存贷服务，对金融服务的供给更是缺乏。随着新型农业经营主体不断发展，其对金融产品和金融服务的需求也更加多样，因此构建新型农业经营主体金融支持体系要充分考虑其对金融产品和金融服务的需求差异。具体来说，针对新型农业经营主体对金融需求规模大、单纯通过金融机构信贷难以满足需求的特点，在股票、基金、期货、债券等直接融资领域加强金融供给。要大胆创新，通过创新各类结构性金融产品的供给，实现不同类型金融供给方式的协同创新。最后，要充分依托互联网，加快电子商务、电子支付等在农村地区的推广应用，发展创新互联网金融产品。通过对新型农业经营主体金融需求和供给的深入调研和梳理，弥补现有金融服务仅限于营业网点、供给产品单一、服务

链条断裂等种种缺陷，加快电子支付平台、电子商务平台等在农村地区的普及，为新型农业经营主体提供更加个性化和针对性强的金融服务。

三、新型农业经营主体信贷风险补偿体系

构建新型农业经营主体信贷风险补偿体系的目的是降低新型农业经营主体生产经营活动面临的各种风险，进而降低金融机构提供金融支持的风险。基于此，信贷风险补偿体系应该包括农业保险体系、农业信贷担保体系、"保险＋期货"金融创新体系三部分。

农业保险体系是新型农业经营主体金融供给的重要保障。新型农业经营主体农业保险体系有如下特点：一是更能体现新型农业经营主体的特点。从2007年中央一号文件发布起我国农业保险逐步进入规范发展阶段，已经形成商业保险公司、专业化农业保险公司、相互制农业保险公司、政策性农业保险共保体和外资农业保险公司五种经营模式。目前，我国农业保险并未针对新型农业经营主体提供相应的产品和服务。二是新型农业经营主体的农业保险体系应与金融供给体系相协调。作为新型农业经营主体金融支持体系的重要组成部分，农业保险与金融供给可以实现优势互补。农业保险可以降低农业生产和经营活动过程中的风险，提高金融机构提供金融支持的积极性；同时在提供金融产品和金融服务的过程中，金融机构出于降低金融风险、提高金融收益的目的，也需要农业保险机构为新型农业经营主体提供保险业务，降低其风险。

从农业信贷担保体系看，目前虽然我国已经基本构建了政策性农业信贷担保体系，但是该体系在作用发挥的广度、深度和力度上还有待提高。具体来说：一是要进一步加大财政支持力度。结合发展实际，我国构建的是政策性农业信贷担保体系，财政需要在其中发挥最主要的作用。目前国家、省、市县三级农业信贷担保机构，在实施过程中由于市县财政不足以致政策难以落地，而来自国家和省级层面的财政支持力度有限。二是严格防范农业信贷担保风险。农业信贷保险作为防范农业信贷风险的一种重要保障，首先需要做好自身的风险防范工作。一方面要对新型农业经营主体的信用状况进行事前、事中、事后的甄别，另一方面要注重防范自身的财务风险，做好内控工作。

从"保险＋期货"金融创新体系来看，"保险＋期货"通过将农业保险市场与金融市场结合起来，将农业保险的风险转移到金融市场上，进一步稀释和化解了农业保险的风险，是一种新的金融产品，是持续降低新型农业经营主体生产经营风险的重要手段。

第四节　新型农业经营主体金融支持体系内部关系

一、金融供给组织体系是基础

新型农业经营主体金融支持体系是解决目前新型农业经营主体融资难、融资贵问题的重要手段。现有"三位一体"的农村金融体系中，各金融供给主体各自为政，且在支持新型农业经营主体方面作用发挥有限。同时现有"三位一体"农村金融体系未将非正规金融考虑进来，忽视了非正规金融在支持新型农业经营主体中的重要作用。因此，完善现有新型农业经营主体金融支持体系是提高金融供给量的重要选择。一方面，要保证"三位一体"中各金融机构能够围绕自身的职能职责服务"三农"，服务新型农业经营主体；另一方面，要加大对非正规金融的监管，发挥非正规金融在支持新型农业经营主体中的重要作用。只有构建更加完善的金融支持体系，才能在此基础上开展金融工具和服务的创新，才能更加全面地做好新型农业经营主体金融风险防范工作。

二、创新金融支持产品和服务是重要内容

在完善新型农业经营主体金融供给主体体系后，一方面需要做好信贷利率、信贷规模、信贷周期等基础性工作，使金融机构的金融供给能够更适合新型农业经营主体的金融需求；另一方面也要看到新型农业经营主体新的金融需求，开展金融工具和服务的创新，将股票、期货、债券、供应链融资、互联网融资、金融租赁等金融领域新的融资方式应用到新型农业经营主体融资领域，运用多种手段解决新型农业经营主体融资难的问题。

三、信贷风险补偿机制是保障

新型农业经营主体融资难、融资贵的一个非常重要的原因是农业生产经营活动的高风险性。由于农业的弱质性和生产过程的不可控因素，农业生产和经营过程中各种风险因素复杂多变，农业是典型的高风险产业。农业风险具有风险系数大、发生频率高、容易发生叠加效应、影响区域广等特点。新型农业经营主体的大规模生产特点更加剧了其生产过程中风险的危害性。因此，构建新型农业经营主体信贷风险补偿机制是降低农业生产经营风险、提高金融机构信贷积极性的重要途径，也是稳定我国农业生产的重要选择。

本章小结

　　本章在对影响新型农业经营主体金融支持供给的关键因素进行分析的基础上，提出了构建新型农业经营主体金融支持体系的总体原则、期望实现的目标、具体构成体系（包括金融组织体系、金融产品和服务创新体系、信贷风险补偿体系），分析了各构成体系之间存在的相互关系。本章通过构建完善新型农业经营主体金融支持组织体系，围绕新型农业经营主体需求创新金融支持的产品和服务，构建金融支持信贷风险补偿机制，同时使之成为一个有机体系，从而为新型农业经营主体金融支持提供强有力的保障。

第四章　新型农业经营主体金融支持组织体系

目前，虽然我国农村金融服务体系逐渐完善，但是受多种因素的制约，农村金融在有效供给方面仍然存在不足，尤其是在健全金融服务组织、服务功能精准定位和机构网点合理布局等方面还存在较大不足，导致各类新型农业经营主体多元化的金融需求无法得到有效满足，需要通过构建金融组织体系来增强农村金融供给的基础性力量，还需要通过各类金融组织将资金合理有效配置到农业生产中去，增加现代农业金融有效供给，从根本上帮助新型农业经营主体走出融资困境。针对新型农业经营主体金融供给组织体系中存在的问题，本章主要探讨如何构建适应新型农业经营主体生产发展需要的金融组织体系，并就各种类型的金融组织支持实施重点进行分析，最终构建一个以政策性金融为引导、商业性金融和合作金融为主导、新型农村金融组织和非正规金融组织为补充的新型农业经营主体金融供给组织体系，使各种金融组织和形式在支持现代农业生产经营和发展中合理分工与协作，实现农村金融资源配置效率最优化。

第一节　金融支持组织体系构建的基本原则

健全的金融供给组织将对新型农业经营主体生产经营给予有力的资金支持。现在金融机构缺乏对新型农业经营主体的针对性和识别性，导致金融服务新型农业经营主体的定位不清，效率不高。因此，要按照主导性原则、差异性原则、完整性原则、协同性原则对现有农村金融体系进一步完善，构建新型农业经营主体的金融供给组织体系，实现金融组织体系内部不同金融机构的相互协调和配合，从而促进新型农业经营主体的发展。

一、主导性原则

主导性原则是指在不同类型的金融机构中，市场化金融机构应该在新型农业经营主体的融资供给中发挥主导作用。商业性金融组织只有作为金融供给的重要主导者，才能够使新型农业经营主体获得足额的、可持续的信贷金融扶持。从现有五种金融供给主体看，政策性金融机构的支持力度有限，而且支持范围也有明确限制，无法在新型农业经营主体金融支持组织体系中发挥主导作用。从合作性金融组织看，合作性金融组织基本上已经完成商业化改革，未来将在新型农业经营主体提供金融支持中发挥一定的主导作用。从新型农村金融组织看，其在市场竞争中由于资产规模较小、实力有限等原因，支农作用发挥非常有限，未来需在市场竞争中优胜劣汰，进一步加大整合力度，提高其服务能力。非正规金融组织的产生是市场化的结果，但由于缺乏有效监管，在实践中存在一定的风险，也无法成为新型农业经营主体金融支持供给的主导力量。

二、差异性原则

新型农业经营主体金融组织体系不应该采取"一刀切"的方式，而应结合新型农业经营主体的地域性、金融机构的属性，遵循经济发展规律和金融发展规律，提供更具针对性的金融供给。新型农业经营主体构成的多样化、经济发展水平的不平衡决定了金融供给的差异化。具体来说，针对目前我国金融供给地域不均衡的特点，结合各地的经济发展水平、农村金融体系发展状况、新型农业经营主体发展状况，突出金融机构的实施重点。在服务不同类型新型农业经营主体时设置不同的服务重点、服务内容，提高不同类型金融机构服务新型农业经营主体的效率。以政策性金融机构为例。政策性金融机构不以营利为目的，应充分发挥其政策导向作用，在重大基础设施建设和中长期投资等方面加大政策性金融机构的支持力度，逐步完善农村金融软硬件设施，改善农村金融生态环境，同时要发挥对其他金融供给主体的导向作用。而非正规金融机构由于未纳入金融监管体系，虽然在新型农业经营主体金融支持体系中具有重要地位，但是必须逐步引导其正规化，防范其中可能存在的风险。新型农村金融组织由于规模较小，成立时间较短，支持新型农业经营主体的能力有限，其关注重点是新型农业经营主体应急性、短期性的资金需求。

三、完整性原则

我国已经基本形成"三位一体"的农村金融体系。随着农村金融市场的发展，出现了一些新的金融组织类型。现有的研究中，多数将非正规金融排除农村金融市场范畴。这主要是由于现阶段按照是否纳入金融监管的原则划分正规金融与非正规金融，非正规金融未成为农村金融体系的重要组成部分。这与现实中非正规金融在满足新型农业经营主体金融需求中占重要地位不相符。非正规金融在我国农村金融市场上占据重要地位，也是我国服务新型农业经营主体的重要力量。同正规金融相比，以民间借贷为主的非正规金融具有一定的优势。基于地缘优势产生的非正规金融，能够在一定程度上避免借款人与放款人之间的信息不对称，同时在借款时间、借款规模等方面比较有弹性。同时，受人情、地缘等因素影响，非正规金融中借款人还款率更高，新型农业经营主体违约率较低。因此，非正规金融理应成为新型农业经营主体金融组织体系的重要组成部分。此外，还应将证券市场、期货市场、租赁市场等纳入新型农业经营主体的金融支持体系之中，以满足新型农业经营主体不同的金融需求。

四、协同性原则

国内外对金融协同的研究着眼于不同区域之间的金融协同，主要是国与国之间、不同行政区之间。多数学者将金融协同发展等同于区域金融一体化。协同学属于系统科学理论，最先由著名的哈肯（Hermann Haken）教授提出，主要研究一个由大量子系统组成的系统在什么条件下能够通过不同子系统之间的协同、协调，发挥整个系统的最大作用，以及该系统的变化规律和变化特征。贺磊研究指出：银行业与保险业能够实现优势互补、协同发展，银行业在资本积累、投资渠道、信息获取等方面具有天然的优势，但面临着较大的风险，保险业在化解和转移风险方面有优势，但也面临着资金短缺、投资渠道少等问题，二者可以实现互补，需要建立更深层次的合作和创新机制[77]。将原本互相分散的金融机构与保险公司联合，发挥双方产品的关联作用，可产生巨大的协同效应。农业保险可以为农业信贷提供风险支持，农业信贷可以为农业保险拓宽业务和资金渠道。[78]徐翀、刘俊奇、许杨等认为开发性金融和政策性金融具有以服务国家发展战略为宗旨、以国家信用为依托、以资金运用保本微利为原则、以银政合作和社会共建为抓手、以中长期投融资为载体、以带动商业性金融的跟进为示范效应等共同特点，应该在服务京津冀协同发展方面进行协同合作，并指出了二者协同发展的路径[79]。不同类型农村金融机构都各自为政：商业性金融机构以利润最大化为目标，其业务更多地集中于城市和工业领域，"资本逃离农村"现象严重；政策性金融支农力度有限，更多集中于基础设施建设等方面，对新型农业经营主体提供的直接支持较少；合作性金融机构在改革后逐步转向利润最大化的经营模式。构建新型农业经营主体金融支持体系必须更加重视不同类型金融机构之间的协同，通过相互之间的合作，实现资源、信息、资本共享，提高服务新型农业经营主体的效率。

第二节 金融支持组织体系构建的基本思路

基于上述原则，本书构建了包括政策性金融机构、商业性金融机构、合作性金融机构、新型农村金融机构、非正规金融机构在内的新型农业经营主体金融供给组织体系（见图4-1）。新型农业经营主体金融供给组织体系将五个不同类型的金融组织统一到新型农业经营主体金融组织体系中。通过一定的制度设计安排，改变了金融组织各自为政的情况，更大限度地发挥自身的职能和作用，进一步提高服务新型农业经营主体的效率，达到"1+1>2"的效果。通过对不同类型金融组织的职能和作用的明确界定，改变了以往农村金融组织体系中不同类型金融组织相互独立、缺乏沟通的情况，鼓励各金融组织充分发挥自身支持新型农业经营主体的作用，同时鼓励不同类型金融组织之间的协同发展，从而满足新型农业经营主体的金融需求。该体系中，不同类型金融组织的职能和作用定位非常关键。

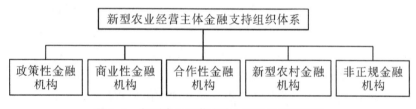

图4-1 新型农业经营主体金融供给组织体系

一、政府引导是构建体系的前提

从国外金融支持新型农业经营主体的经验看，政府在金融组织体系中起到了非常重要的作用。从我国的实际情况看，虽然我国农村金融体系已经基本建立，但新型农业经营主体作为一种特定类型，农村金融体系对其支持作用还没有充分发挥。构建新型农业经营主体金融供给体系，必须明确政府的引导作用。商业性金融机构具有天生的逐利性，合作性金融机构在现代公司治理体制改革中还存在诸多问题，新型农村金融机构受其规模制约对新型农业经营主体的支持也非常有限，非正规金融在规范和监管方面还有待进一步加强。要将这些不同类型金融机构引导到服务新型农业经营主体上来，必须发挥政府的引导作用，引导不同类型的金融机构发挥合力，保证我国新型农业经营主体的发展方向正确。不同类型金融组织体系在服务新型农业经营主体上具有不同的着力点，政府要出台相关政策鼓励各方发挥合力，围绕增加新型农业经营主体金融供给这一目标，实现不同金融供给主体之间的协调。要从法律法规、政策体系、财政税收等领域对构建新型农业经营主体金融支持体系提供支持和引导。对商业性金融机构，要加大引导力度，通过差异化的利率、补贴等方式引导商业金融机构为新型农业经营主体提供信贷；对合作性金融机构要加大改革力度，进一步明晰产权，创新产品，提高服务新型农业经营主体的能力；对政策性金融机构，要围绕粮棉油收购和农村基础设施建设两大主业，在支持力度、支持种类、支持方式上继续创新；对新型农村金融机构要加大引导力度，发挥新型农村金融机构灵活性特点，延伸服务触角，填补其他金融组织的金融供给空白；对非正规金融机构要加强引导和规范，通过加强监督降低运行风险。

二、服务新型农业经营主体是共同目标

要将不同类型、不同性质的金融机构的合力集中起来，必须为其找到发挥作用的共同点。相比农村金融体系，新型农业经营主体金融供给体系中各金融机构有其内在的合作机制，均以新型农业经营主体为共同服务对象，致力于为新型农业经营主体提供更好的金融产品和金融服务。政策性金融机构和合作性金融机构要在现有服务"三农"的过程中更加重视对新型农业经营主体的服务，将新型农业经营主体从个体小农户中独立出来，在信贷产品、信贷服务等方面加大扶持力度。商业性金融机构要认识到新型农业经营主体同个体农户相比，其资产规模、偿贷能力、抵押物等都更具优势，应把服务新型农业经营主体作为其支持"三农"工作的重要着力点。不同类型的金融机构要成立专门服务新型农业经营主体的部门，在国家机构的统一领导下开展相关工作。

三、差异化发展是内在要求

新型农业经营主体金融供给体系集合了不同类型的金融机构，在共同服务新型农业经营主体的前提下，更应该结合不同类型金融机构的特点，发挥不同类型金融机构各自的优势，明确不同类型金融机构的工作重点。以商业性金融机构为例，商业性金融机构的优势在于其资本规模大，抗风险能力强，但是商业性金融机构最主要的特征是逐利性。新型农业经营主体作为农业主体，面临着和农业主体同样的困境和风险，这就形成了商业金融机构逐利性和新型农业

经营主体高风险性之间的矛盾。又如政策性金融机构在支持新型农业经营主体时具有针对性强、成本低、可获性高等优势和特点，但政策性金融机构资本规模较小，且支持的地域广、范围广，最终对新型农业经营主体形成支持的力度较小。在构建新型农业经营主体金融供给组织体系时，必须统筹考虑各金融机构的优势和劣势，在发挥各金融机构优势的基础上，推动新型农业经营主体金融供给的增加。

第三节　各类金融组织支持的实施重点

将金融机构划分为不同类型，本身就反映了金融机构在支持新型农业经营主体方面的不同作用。政策性金融机构起主导作用并不否定其他金融机构作用的发挥，而是要通过政策性金融机构，引导其他金融机构加大对新型农业经营主体的支持。政策性金融机构不以营利为目的，是弥补市场失灵的重要手段。

一、政策性金融组织的实施重点

政策性金融是政府应对市场失灵的重要手段，是国家出于经济和社会发展的考虑，以非营利性为目的，在注重资金使用有偿性和效益性原则的基础上为农业、农村、农民提供的金融信贷服务。政策性金融机构是弥补市场失灵的重要手段。在新型农业经营主体金融组织体系中，政策性金融机构要发挥导向作用，淡化商业性金融机构的逐利性特征。中国农业发展银行作为我国唯一的政策性金融机构，其主要职能是围绕"粮棉油收储和农业农村基础设施建设"的"两轮驱动"发展。在支持新型农业经营主体中，政策性金融组织的主要职能和作用体现在以下几个方面。

（一）促使政策性金融支农作用发挥

中国农业发展银行在支农中发挥着越来越重要的作用。按照2014年国务院批复的《中国农业发展银行改革实施总体方案》的要求，中国农业发展银行坚持以政策性业务为主体，对政策性业务和自营性业务实施分账管理。在做好粮棉油收储信贷业务的同时，在基础设施、重大项目等领域加大支持力度。从总体上看，中国农业发展银行在总量上和相对量上都有较大的提升空间，如何正确处理支农与自身发展之间的关系是中国农业发展银行面临的关键问题。未来中国农业发展银行将按照《关于政策性金融支持农村一二三产业融合发展的通知》，坚持政府引导、市场运作、突出重点，加大对新型农业经营主体的支持。同时，应拓展对新型农业经营主体标准化原料基地建设、新型农业经营主体科技创新、优势农产品加工、农村流通体系建设、农业多种功能开发等多方面的支持，促进农村一二三产业融合发展。

（二）引导示范和辅助补充职能

引导示范职能是政策性金融机构的重要职能。中国农业发展银行将"执行政府意志、遵循银行规律、服务'三农'需求"三位一体作为其职能定位，将"国家区域发展战略""农业现代化""城乡发展一体化""国家粮食安全""扶贫攻坚"五大业务作为重点推进。未来，中国农业发展银行在支持新型农业经营主体方面，要进一步发挥引导示范和辅助补充职能。所谓引导示范，是指中国农业发展银行在自身资金规模受到限制时，要倡导和引导商业性金融机构对新型农业经营主体增加资金投入，依靠自身力量发挥对商业性金融的引导作用。所谓辅助补充，是指当市场无法满足新型农业经营主体金融需求时，中国农业发展银行以低于市场利率的方式为新型农业经营主体提供信贷支持，弥补商业性金融不足导致的金融供需不足，从而对商业性金融起到有益的补充作用。

（三）增加对粮棉油类新型农业经营主体的信贷投入

一是将新型农业经营主体同其他个体农户区别开来。粮棉油收储是政策性农业发展银行的主要业务。对于以粮棉油生产、加工、收购、销售等为主要业务的新型农业经营主体，中国农业发展银行要进一步加大投入。针对新型农业经营主体的信贷额度大、期限长的特点，中国农业发展银行在开发信贷产品时，应结合新型农业经营主体特点，制定更加具有针对性的信贷支持政策。二是创新信贷模式。粮棉油收储是中国农业发展银行最重要的业务。在这一过程中，中国农业发展银行需要兼顾收储资金安全性与加大支持力度两方面的要求，必须创新信贷支持新型农业经营主体的模式。在实际中可采取"银行+农业龙头企业+家庭农场""银行+农业龙头企业+专业合作社"等模式，通过引入更多的农业生产经营主体降低信贷风险。

（四）增加对农业基础设施建设的投入

农业基础设施是影响新型农业经营主体生产经营活动的重要因素之一。由于农业基础设施具有外溢性、低回报等特点，所以商业性金融机构一般不愿意投资农业基础设施，这就需要发挥中国农业发展银行的政策性优势。中国农业发展银行要立足服务新型农业经营主体，对改善新型农业经营主体生产经营状况的土地流转和规模经营、高标准农田建设、农技推广、水利等重大基础设施建设和农业综合开发、农村流通体系建设等继续加大信贷力度，改善新型农业经营主体的生产条件。这虽然不是直接对新型农业经营主体的信贷，但是客观上会改善新型农业经营主体的生产经营环境和状态，进而提高和增强其他金融机构对新型农业经营主体放贷的积极性和意愿。

二、商业性金融组织的实施重点

商业性金融组织区别于其他类型金融组织的一个重要特征是其以营利为目标。目前商业性金融组织在支持新型农业经营主体中存在的主要问题包括融资难、融资贵、风险大等。其原因既包括新型农业经营主体信用体系建设滞后、生产经营特点不符合银行信贷审批条件，也包括商业性金融组织自身支农意识不强、自身经营要求等。虽然商业性金融组织在支持新型农业经营主体中存在诸多问题，但是商业性金融组织资金规模大、产品类型丰富的优势是其他类型金融组织无法比拟的，未来商业性金融组织应发挥自身优势，加大对新型农业经营主体的扶持力度。

（一）持续深化商业银行"三农金融事业部"改革工作

一方面，要继续推进商业银行的"三农金融事业部"改革。农业银行的"三农金融事业部"改革在 2015 年已经推广到全部县域支行。2016 年邮政储蓄银行也在部分省市开展了"三农金融事业部"改革试点，目前已在全国大面积铺开。从改革成效看，"三农金融事业部"改革让商业银行服务"三农"有了抓手，同时也让服务"三农"有了保障。下一步，要按照聚焦"三农"、依法履职、市场化的原则开展商业银行的"三农金融事业部"改革，进一步强化农业银行和邮政储蓄银行的服务功能，提升服务能力。另一方面，政府要引导商业银行转变自身观念，使金融机构充分认识到新型农业经营主体对我国实施乡村振兴战略具有重要意义。商业银行在资本规模方面同农村信用社相比，具有较大的优势，应该成为支持新型农业经营主体发展的重要力量。

（二）增加商业性金融组织对新型农业经营主体服务

由于商业性金融组织的逐利性，目前商业性金融组织在农村的金融机构网点布局逐步转向城市地区，在农村的业务更多限于吸收存款。针对这种情况，应从以下两个方面着手。一是引导商业性金融组织提高服务主动性。在符合市场化、商业化前提的基础上，逐步引导商业性金融组织增强服务新型农业经营主体的主动性和意愿。新型农业经营主体作为我国农业现代化的主力军，在还贷能力、信用体系建设等方面同传统的个体农户相比具有一定的优势。商业性金融组织要提高对新型农业经营主体的认识，把握新型农业经营主体为商业性金融组织带来的商业机会，增加网点布局、从业人员、硬件设施等，从基础保障上提高服务新型农业经营主体的能力。二是创新新型农业经营主体的产品供给。认真分析新型农业经营主体的金融需求特点和趋势，增加信贷产品的供给，鼓励商业性金融组织与其他金融组织联合开发金融产品，满足新型农业经营主体多样化的需求。下沉商业性金融机构的审批权限，打破区域限制，提高新型农业经营主体资金的可获得性。

（三）进一步发挥农业银行服务新型农业经营主体的主导作用

服务农业、服务农村、服务农民是农业银行的重要职能之一。经过"三农金融事业部"改革，农业银行服务"三农"的职能进一步加强。在商业金融机构中，农业银行应该在支持新型农业经营主体中占据主要地位。

一是支持农业银行发挥作用。农业银行作为国有股份制商业银行，其资金来源更加多元化，信贷产品也更加丰富，能更好地满足新型农业经营主体的金融需求。

二是开发中长期、额度大、产业链覆盖广的信贷产品。由于农业银行自身资本规模大，在支持新型农业经营主体上实力更加雄厚。得益于自身的资本规模，农业银行可以大力开发中长期信贷、大额信贷、全产业链信贷，从而更好满足新型农业经营主体的资金需求。建议通过完善信贷管理制度、优化担保方式等，在中长期信贷、大额信贷、全产业链信贷等方面进一步加大对新型农业经营主体的支持力度。

三是探索建设新型农业经营主体信用体系。在信用体系建设上，中国人民银行已经开展了广泛的试点。按照《中国人民银行关于全面推进中小企业和农村信用体系建设的意见》中提出的"政府领导、人行推动、多方参与、服务社会"的工作原则，农业银行在农村信用体系建设，特别是新型农业经营主体信用体系建设中要发挥更加主动的作用。按照现有的《农村信用体系建设基本数据项指引》和《农户信用信息指标》的规定，多渠道采集新型农业经营主体的信用信息，并做好建档及统计工作，为新型农业经营主体信用体系建设总结出可供推广的经验。

（四）逐步实现邮政储蓄银行在农村的资金收支平衡

同其他金融机构相比，邮政储蓄银行在营业网点、物流、信息等方面具有先天优势，但邮政储蓄银行在商业化改革后，为了追求利润最大化，将其在农村的业务逐步缩减为吸收存款，被形象地称为农村资金的"吸水机"。邮政储蓄银行服务新型农业经营主体的重点主要包括：

一是实现农村资金的收支平衡。对邮政储蓄银行的资金运行进行必要的干预，制定类似于存款准备金的制度，规定其涉农贷款的比例，引导邮政储蓄银行将在农村吸收的存款投向新型农业经营主体、投向农村。

二是在新型农业经营主体小额信贷中发挥主要作用。邮政储蓄银行在农村地区覆盖范围较广，结合其资产规模，应在小额信贷中发挥更加重要的作用。小额信贷审批程序简单，方式灵活，能够很好地满足新型农业经营主体的金融需求。

三是拓宽邮政储蓄银行的业务范围。根据新型农业经营主体的金融需求类型和需求特点，在现有业务基础上开发更加符合新型农业经营主体要求的产品和服务。

三、合作性金融组织的实施重点

合作性金融组织是我国农村正规金融体系中非常重要的组成部分，合作性金融组织应该成为支持新型农业经营主体的主力军。日本农村金融支持体系的一个显著特征就是合作性金融组织占主导地位。合作性金融组织由于资金来源是农户入股，因此在资金使用上优先保障农户需求。同时合作性金融组织的金融业务并不是一成不变的，而是随着农户的需求不断发展变化、不断创新和拓展。合作性金融组织要继续加大改革力度，发挥服务新型农业经营主体的作用。

（一）进一步深化农村信用社改革

在正规金融机构资金外流严重的情况下，合作性金融组织成为农村金融体系的主力军。2003 年国务院出台了《深化农村信用社改革试点方案》，按照"明确产权关系、强化约束机制、增强服务功能、国家适当支持、地方政府负责"的总体要求，开始了农村信用社管理体制和产权制度改革。经过改革，农村信用社的经营状况得到明显改善，系统性风险得到降低，服务"三农"的作用得到进一步加强。但是农村信用社由于缺乏创新意识、体制改革还有待进一步加强、历史包袱严重等原因，在服务新型农业经营主体上仍然心有余而力不足。因此，下一步要进一步深化农村信用社改革，按照现代公司治理机制明晰产权，完善法人治理结构，健全运行机制，完善信贷审批、风险防范等内控制度，提高运行效率，减轻历史包袱，逐步形成市场化、商业化的运作模式，形成更加灵活高效的组织体系。新型农业经营主体在信贷额度、期限、担保方式、用途等方面存在较大差异，农村信用社作为新型农业经营主体金融支持体系的重要组成部分，应结合在实际发展中遇到的新特点、新需求，加大产品和服务的创新力度。新型农业经营主体由于涉及农业一二三产业，点多面广，农村信用社要逐步构建和完善在农业生产、仓储、物流、加工、销售等全流程的产品和服务体系，为新型农业经营主体提供全链条融资保障。

（二）大力发展农村资金互助社

农村资金互助社是指按照"自愿加入、服务社员、民主管理"的原则，由农民、农民专业合作社、农村中小企业等经营主体发起设立的新型合作银行业金融机构。从 2009 年开始，中国银监会就积极推进农村资金互助社发展，经过数年的发展，农村资金互助社现在已经成为推动"三农"发展的重要力量。经银行监管机构批准成立的农村资金互助社作为独立的法人组织，实施社员民主管理，为社员办理存款、结算贷款等社区互助金融业务，维护社员共同利益，产生了很好的金融互助效果。各级政府应予以大力支持，制定出台鼓励和扶持的相关政策和监管措施，同时要坚持合作性质不动摇，规范出资人条件，合理布局机构设置，拓宽资金来源渠道，推动农村资金互助社又好又快地发展，为缓解农民专业合作社融资难的状况做出积极贡献。

四、新型农村金融组织的实施重点

我国现有的新型农村金融机构主要包括村镇银行、小额贷款公司、融资性担保公司、融资租赁公司等，在我国农村金融组织体系中发挥着重要作用。新型农村金融组织的优势是深入农村，服务对象主要为农业、农村、农民。因此同其他类型的金融组织相比，新型农村金融组织服务新型农业经营主体的针对性更强，在扩大农村金融机构的覆盖面、缓解贷款难状况、形式灵活等方面更具优势，应成为新型农业经营主体金融组织体系的重要组成部分。未来，新型农村金融组织要进一步拓宽资金来源渠道，扩大资本拥有规模，提高支持新型农业经营主体的能力，要完善金融产品和服务体系，更好地满足新型农业经营主体的需求。

（一）不断拓宽资金来源渠道

新型农村金融组织规模较小，需要不断拓宽资金来源渠道。一方面，新型农村金融组织进入市场的门槛较低，导致自有资本不足。如在县（市）设立的村镇银行的注册资本不得低于 300 万元人民币，在乡（镇）设立的村镇银行的注册资本不得低于 100 万元人民币，远远低于农村商业银行 5 000 万元的标准[80]。另一方面，由于新型农村金融组织成立时间较短，在农村接受度低，吸收存款难，有限的资金影响了新型农村金融组织作用的发挥。因此，必须进一步拓宽各种新型农村金融组织的资金来源渠道，扩大资本规模，提高新型农村金融组织服务新型农业经营主体的能力。

（二）进一步强化支持新型农业经营主体的理念

新型农业金融机构作为一种金融机构，仍然以追求利润最大化为目标，在金融产品供给、供给对象选择上，更加趋于理性和谨慎，通常会选择风险小、利润高的对象。因此，新型农业经营主体不会成为新型农村金融机构的首要选择。在金融产品供给上，新型农村金融机构成立时间较短，在管理、监管上还不健全，有待进一步规范。此外，由于新型农村金融机构抗风险能力弱，在金融产品供给上追求低风险，缺乏改革创新。对此，新型农村金融机构必须进一步发挥自身的地域优势，加强服务新型农业经营主体的意识，结合自身规模小、灵活性高的特点，合理地简化程序，开发更多满足新型农业经营主体需求的金融产品。

（三）进一步规范引导新型农村金融机构

虽然新型农村金融机构在缓解新型农业经营主体融资难、融资贵状况方面发挥了积极的作用，但由于目前我国现有监管体系对新型农村金融机构监管力度不够，监管规则模糊不清等原因，小额信贷公司、融资性担保公司、融资租赁公司、新型合作金融组织等在实际运行中存在较大风险。新型农村金融机构与商业性金融机构相比，接受专门的金融教育培训不足，在信贷原则、信贷资金发放、信贷风险等方面缺乏足够的知识，也造成了新型农村金融机构面临较高风险。在实际运行中，东部沿海地区新型农村金融机构发展较为完善，中西部地区发展则较为滞后，存在较大的区域差异。因此，必须加大政府对新型农村金融机构的支持和引导，通过加强监管、加强培训等多种方式，提高新型农村金融机构的风险意识，降低不良贷款率。

五、非正规金融组织的实施重点

从实践看，由于正规金融提供的信贷支持有限，以民间借贷为主的非正规金融在农村金融市场发挥了重要作用。非正规金融是指处于监管之外的金融活动；同正规金融相比，非正规金融交易成本低、审批程序简单、担保条件低、灵活性高，能够很好地满足新型农业经营主体多样化的金融需求。以民间借贷为主的非正规金融，由于其缺乏有效监督，存在较大的风险。非正规金融在农村金融市场的重要性决定了必须有序引导非正规金融的发展，发挥其优势服务新型农业经营主体。从政府的角度出发，首先必须改变对非正规金融的看法，改变对非正规金融固有的偏见，确立非正规金融的应有地位，促进非正规金融逐步规范化。同时，必须加强农村非正规金融监管，在政策层面通过监管立法、实施差别化的监管政策，防范农村非正规金融可能引发的风险。

（一）加强对非正规金融的规范

加强对非正规金融的规范，从源头上减少信贷风险的发生。具体来说应从两个方面着手。一方面，政府要逐步将非正规金融纳入监管范围，制定相应的法律法规，对非正规金融的借贷合同进行规范，增强非正规金融借贷合同对借贷双方权利义务的保护，特别是对新型农业经营主体权利的保护，从源头上保护借款人的合法权益。同时，对借款利率进行最高额度限制，最高额度限制要以现行基准利率为基础，在一定范围内合理浮动，防止非正规金融转向高利贷。另一方面，要引导非正规金融向正规金融发展。对发展较为完善的非正规金融组织要放宽条件，允许其进入正规金融市场，参与正规金融市场的信贷活动。对从非正规金融市场转入正规金融市场的金融组织，要加大支持和引导力度，在利率定价、经营管理等方面给予更大的自主权，提高其经营灵活性。要宽严相济，加强对非正规金融的监管和引导，发挥其对新型农业经营主体的支持作用。

（二）加大金融监管力度

非正规金融发展中最突出的问题就是缺乏监督。要发挥非正规金融在农村金融市场上的积极作用，就必须加强监管，对变相将民间借贷发展为高利贷的行为要严加打击和制止。在实践中，要对已经形成的非正规金融加强监测和统计，一旦发现非正规金融出现高利贷等扰乱农村金融市场的行为，要给予严厉打击，并要求非正规金融机构和个人承担相应的后果。除了政府监管，还应鼓励新型农业经营主体发挥监督作用，如果新型农业经营主体发现非正规金融存在合同履行不平等、高利贷等行为，要积极向地方政府举报，从监管机构和新型农业经营主体两个方面切实防范和减少非正规金融可能产生的各种危害新型农业经营主体利益的行为。

（三）健全完善金融法律法规

民间金融在我国农村金融市场上占据重要地位。同正规金融相比，民间金融具有一定的地缘优势，在信誉上更加可靠，信息获取更加充分。随着我国新型农业经营主体的发展，民间金融在农村的规模不断扩大。现行的金融法律法规尚不能对民间金融活动进行有效的规范和监管。未来对民间金融的规范首先是确立民间金融的地位：一方面要依据《中华人民共和国合同法》等法律法规加强对非正规金融的管理，保护借款人的合法权益；另一方面要尽快研究制定和出台支持非正规金融发展的法律法规，在法律地位、组织形式、权利义务等方面对非正规金融进行规范。按"是否吸收公众存款"而非"是否属于金融机构的概念"规范和监管小贷公司等非存款类放贷组织，对其牌照管理、设立条件、业务经营、法律责任等做出明确规定[81]。从法律和政策层面肯定民间金融的积极作用，发挥民间金融对正规金融机构的补充作用。将民间金融纳入新型农业经营主体金融支持体系，能够更加合理地配置资金资源，还应将民间资本纳入法律范围，民间资本的交易主体和交易活动相应地也应该受到法律法规的约束。此外，将民间资本纳入政策和法律监管范围，通过政府的宏观调控能够更加准确地分析和把握新型农业经营主体金融资源供需情况，力争实现金融供需平衡。

第四节　不同地区金融供给政策的侧重点分析

新型农业经营主体金融供给体系在不同地区的实施重点应有所不同。在不同地区，由于经济发展水平不同，金融生态环境不同，在发展重点上应有所区别。按照政府与市场在金融组织体系中的不同地位，结合各地经济发展水平，将其分为三种形式。需要指出的是，不同的组织形式其构成内容是相同的，只是不同地区起主导作用的金融机构不同。

一、发达地区的重点是构建更具竞争性的金融供给体系

东部地区经济发展水平较高，金融生态环境较好，新型农业经营主体的金融可获得性更高，现有农村金融市场发展较为完善。因此，应该在现有基础上进一步提高东部地区金融组织体系的市场化、商业化水平，提高商业性金融组织在新型农业经营主体金融组织体系中的比重，形成以商业性金融组织为主、其他金融组织为辅的局面。引导各类商业性金融机构在农村地区设立分支机构、营业网点，开展各类金融业务。同时，应不断创新金融组织形式，在加快农村金融市场化的基础上，将活跃的民间资本吸收进来。在政府的引导下，探索建立多元化资金构成的农村金融组织体系，最大化地释放沉睡资本。特别需要指出的是，东部地区的民间借贷发展更加完善，在非正规金融引导过程中，应积累可供推广的经验，为中西部地区非正规金融发展提供参考。政府在金融市场构建中应该更加注重发挥服务功能，将着力点放在加强市场监管、营造良好的金融生态环境、维护农村金融市场秩序、防范金融风险等方面，为新型农业经营主体金融组织的构建营造良好的外部环境。

二、中等发达地区的重点是政府引导金融机构发挥合力

在中等发达地区，各类金融组织都存在，由于不同类型金融机构各自为政，合力发挥不够，容易形成金融支持空白，因此，需要政府进一步完善农村

金融市场，稳定各类金融供给主体，加大各类金融机构合力。政府要引导新型农业经营主体明确产业发展重点，提高农村金融机构的金融供给与新型农业经营主体的金融需求匹配度，提高金融服务效率。一方面，要加大政策性金融机构对新型农业经营主体的支持力度，重点为粮食等大宗农产品以及农业的生产、加工、储藏、销售、物流等全产业链提供支持；另一方面，要通过考核机制加大对商业银行支持新型农业经营主体的考核，在已有的硬件设施基础上，开发更多适合新型农业经营主体的金融产品和金融服务，提高商业性金融机构的供给积极性，引导商业性金融机构提高商业性金融在支持新型农业经营主体中的比重。此外，还应加大合作性金融机构的供给力度，在进一步完善农村信用社的改革过程中，确保农村商业银行、合作银行发挥支持新型农业经营主体的主力军作用，确保支持的力度不减、范围不减。要加强对非正规金融的引导，在进一步发挥非正规金融支持新型农业经营主体的基础上，加大金融监管力度，防范系统性金融风险发生。

三、欠发达地区的重点是加大政府扶持和培育力度

在西部欠发达地区，经济发展水平较为滞后，金融生态环境较差，难以依靠金融自身发展实现对新型农业经营主体的支持，需要依靠政府的金融扶持。西部地区应重点培育和扶持政策性金融和合作性金融，发挥其在构建新型农业经营主体金融支持体系中的重要作用。政策性金融由于其政策属性，在欠发达地区构建新型农业经营主体金融支持体系是其义不容辞的责任，其必须发挥在金融支持体系中的主导作用。合作性金融机构在加快改革的进程中，应确保其服务"三农"发展、服务新型农业经营主体的职责不变，通过体制机制的改革更好地服务新型农业经营主体。此外，要鼓励发展各类民间互助性金融、小额信贷、非正规金融，积极动员社会力量将各类闲散资金投向新型农业经营主体，为新型农业经营主体和农村发展提供原始资本。同时，应注重对存在经营风险的各类金融组织进行坚决整治，加强对其引导、监督，确保其在合法合规的前提下发挥作用。此外，在条件成熟的地区，可培育新型农村金融机构，发挥新型农村金融机构的优势，为新型农业经营主体提供资金支持。

本章小结

本章对新型农业经营主体金融支持体系中的金融支持组织体系构建和完善进行了研究，提出了完善金融支持组织体系的基本原则、基本思路，明确了各类性质的金融组织在支持新型农业经营主体融资发展中的实施重点以及不同地区应采取不同的金融供给组织政策侧重点。本章认为在构建新型农业经营主体金融支持体系中应该突出各类金融组织的优势和特点，政府应该积极参与引导，最广泛地构建金融组织支农体系，使之成为一个分工明确、协同互补、运行高效的金融组织体系。在这个体系中政策性金融应该作为引导，而商业性金融和合作性金融应为中坚力量，新型农村金融组织和非正规金融应为重要补充力量。各类金融组织充分发挥其优势，有针对性地开展支持新型农业经营主体的业务和服务，将会对新型农业经营主体给予极大的金融支持，取得较好的支农效果。

第五章　新型农业经营主体金融支持产品和服务体系研究

　　新型农业经营主体在生产和经营中面临的融资难、融资贵等困难，需要以创新和完善金融产品和金融服务的方式来解决。要结合农业生产特点和新型农业经营主体多样化金融需求来合理设定信贷产品额度和期限，科学、合理设定贷款利率，降低融资成本。不断创新各类金融支持服务方式，重点发展和完善农村土地金融、资本市场直接融资、农业供应链金融、融资租赁业务以及互联网金融等支农金融产品和服务。

第一节　金融信贷产品创新开发

　　各类金融机构和组织要进一步加大信贷产品的创新力度，结合新型农业经营主体的多样化金融需求，开发适应新型农业经营主体要求的金融产品，如以农作物生长周期为主的季节性资金需求，可将总的授信额度分年、逐批发放，以满足农村信用社的中长期贷款需求。此外，根据新型农业经营主体的不同类型、资金需求的规模、资金用途、信贷期限等实行差别化利率，满足不同层次的信贷需求。

一、结合主体多样化金融需求提供信贷产品

　　新型农业经营主体的金融需求呈现多样化特征，与传统个体农户相比有较大差别，且不同类型新型农业经营主体之间的金融需求也有差别。金融机构必须加大对新型农业经营主体的调研力度，对其资金需求规模、需求期限、资金

用途等进行研究，开发真正适合新型农业经营主体需求的信贷产品。粮食类新型农业经营主体，由于其主要通过流转土地的方式种植粮食，可以土地经营权、农机具等为抵押物获取贷款，或者以农产品未来收益质押、订单质押等方式获得贷款。对于养殖类新型农业经营主体，金融机构可尝试开展厂房、禽畜产品抵押以及未来收益质押等业务。对经济作物类新型农业经营主体，金融机构可尝试开发林权抵押、订单质押等金融产品。此外，要结合农业产业链发展和农村一二三产业融合发展的要求，对上、下游产业联系紧密的新型农业经营主体，开发"龙头企业+专业合作社""龙头企业+家庭农场""龙头企业+种养大户"等模式，通过多个信贷主体参与，降低信贷产品风险。对资信较好、资产规模大、经营风险低的新型农业经营主体，金融机构可适当放宽信贷审批条件，帮助其发展壮大。

二、贷款利率合理定价模型分析

虽然新型农业经营主体已经发展到一定阶段，但金融机构并未制定针对新型农业经营主体的利率定价方法，仍沿用传统的涉农贷款定价模型。如对农民专业合作社、家庭农场和种养大户普遍采用加点定价方式，即"贷款基准利率+上浮比例"，上浮比例主要依据贷款用途、生产周期和贷款规模来确定。这种定价方式未结合新型农业经营主体的实际情况，对其金融需求特征缺乏深入研究，无法客观反映新型农业经营主体的金融需求情况，导致金融机构对新型农业经营主体的定价偏高，出现"融资贵"的情况。在利率市场化条件下，需要研究制定更加灵活的信贷定价方法，兼顾融资成本和银行的信贷积极性，不断提高资金配置效率。

合理的贷款利率要坚持市场化导向，以新型农业经营主体资金需求和金融机构金融供给为基础，按照资金供求规律来确定利率。金融机构在制定贷款利率时，既要从资金成本、风险、收益等方面考虑，也要从新型农业经营主体发展情况、金融市场发展程度等方面考虑，建立既能够满足金融机构盈利需求又能够满足新型农业经营主体资金需求的科学的利率定价体系。

实行差别化定价就是根据经营主体的经营规模、信用等级、资产负债等指标，在贷款品种、方式、期限及担保方式上实行差异化贷款利率定价，对种植、养殖、加工等各类新型农业经营主体的贷款给予区别对待，确定不同的差异化贷款利率。实行差别化定价需要建立新型农业经营主体信用信息基础数据库，运用贷款利率定价评估标准，以提高利率定价的精确性和科学性。

(一) 利率分档差异定价法

利率定价通常是由银行和客户双方博弈确定出来的结果。涉农金融机构在采取灵活定价方式确定贷款利率时，不仅要考虑客户的选择、风险溢价的覆盖、获得产品销售收益，还要充分考虑客户对利率定价水平的接受程度，以便实现金融交易供求平衡[82]。一般涉农金融机构根据客户征信数据对其违约率进行综合评估后，对客户发出贷与不贷或者贷多贷少、贷高贷低的信贷交易要约。新型农业经营主体根据自身发展状况、融资难易程度，响应接受金融机构发出的信贷利率要约，其利率响应函数（price-response function），表示利率变化对产品需求的影响，即具有特征 T 的贷款申请人接受金融机构提供的利率为 I 以及其他贷款条件 R 的信贷产品的概率为 P（I，R，T）（见图5-1）。当贷款人信贷条件和借款人的响应接受经博弈相互接受双方达成一致时，双方达成信贷交易，达成交易的信贷利率即为最终利率。通常情况下，金融机构对信贷客户的贷款利率分若干档次，即在央行基准利率的基础上执行上浮或者下降一定比例，比如在基准利率基础上增加 5%、10%、20%、30%，或者下降 5%、10%、20%、30%，表现为不同的利率档次；每一个档次的利率是固定不变的，金融机构根据贷款客户资信状况及博弈过程中客户可接受程度，来确定贷出的利率。这种分档固定的利率定价方法能达到差异化定价的效果。为便于简明表现分档固定利率差异化定价逻辑，现用两档可选贷款利率建模分析。

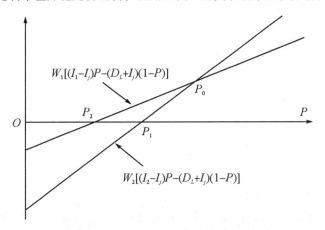

图5-1　菜单式利率定价预期收益函数

1. 构建模型

假设某金融机构仅设两种贷款利率——I_1 和 I_2，其中 $I_1 < I_2$。$W_1 = W(I_1)$ 和 $W_2 = W(I_2)$ 是借款人对两档不同利率的接受度，且利率低的接受度高于利率高的接受度，即 $W_1(I_1) \geqslant W(I_2)$。假设市场无风险利率为 I_j，借款人违约损失率为 D_L，不受金融机构收取的贷款利率的影响；借款人守约的概率为 P。那么会出现三种情况，金融机构的预期收益分别如下：

（1）借款人拒绝金融机构发出的利率要约，金融机构预期收益为0；

（2）借款人接受金融机构利率I_1，金融机构收益为$W_1[I_1P - D_L(1 - P) - I_j]$；

（3）借款人接受金融机构利率I_2，金融机构收益为$W_2[I_2P - D_L(1 - P) - I_j]$。

在假定借款人守约概率P不受贷款利率影响情况下，该借款人为金融机构贷款带来的预期利润为：

$$E[P_A] = \text{MAX}\{0, W_1[(I_1 - I_j)P - (D_L + I_j)(1 - P)], W_2[(I_2 - I_j)P - (D_L + I_j)(1 - P)]\}$$

如果金融机构仅有一种利率I_1，$P_1/(1 - P_1) = I_j + D_L/(I_1 - I_j)$，那么金融机构给借款人发放贷款的条件是$P > P_1$；

如果金融机构仅有一种利率I_2，$P_2/(1 - P_2) = I_j + D_L/(I_2 - I_j)$，那么金融机构给借款人发放贷款的条件是$P > P_2$。

由于$I_1 < I_2$，所以贷款利率为I_1的借款人守约概率要高于贷款利率为I_2的借款人守约概率，即$P_1 > P_2$。当借款人守约概率P满足$P_1 > P \geq P_2$时，金融机构应给借款人提供贷款利率为I_2的贷款，直至图中I_1的曲线相交于I_2曲线，交点处概率标为P_0，这样就会出现：

$$W_1[(I_1 - I_j)P - (D_L + I_j)(1 - P)] = W_2[(I_2 - I_j)P - (D_L + I_j)(1 - P)]$$
$$\Rightarrow P/(1 - P) = (W_1 - W_2)(D_L + I_j)/W_1(I_1 - I_j) - W_2(I_2 - I_j)$$

如$W_1(I_1 - I_j) \geq W_2(I_2 - I_j)$，则$P_0 \leq 1$。这时，金融机构对满足守约概率$P \geq P_0$的借款人提供利率为$I_1$的贷款。因为借款人对利率$I_1$的接受概率远高于对利率$I_2$的接受概率，所以当利率为$I_1$时，金融机构的利润损失可通过提高借款人的接受度得到补偿。在利率较低的范围内，由$P \geq P_1$变为$P \geq P_0$。

反之，当$W_1(I_1 - I_j) < W_2(I_2 - I_j)$时，只要守约概率大于$P_2$的借款人都应按照利率$I_2$来为其提供贷款。

如果金融机构为借款人提供了三种或者三种以上的分档利率，通过该模型计算得出的结果可能是为不同的借款人提供不同档次的利率，也许是最低的利率，也许是最高利率，还可能是中间的某一利率I_m。

2. 应用举例

假定某金融机构为新型农业经营主体提供一种具有两个利率档次——8%和6%的信贷产品，市场无风险利率为5%，借款人违约损失率$D_L = 0.5$。若有40%潜在借款人能接受8%的利率，而60%的潜在借款人愿意接受6%的贷款利率，则金融机构获得的预期利润为：

第一种，不予提供贷款，期望利润为 0；

第二种，发放利率为 8% 的贷款，利润期望值为 $0.4 \times [0.08P - 0.5 \times (1 - P) - 0.05]$；

第三种，发放利率为 6% 的贷款，利润期望值为 $0.6 \times [0.06P - 0.5 \times (1 - P) - 0.05]$。

这样，

$P_1/(1 - P_1) = (0.5 + 0.05)/(0.06 - 0.05) = 55 \Rightarrow P_1 = 55/56 \approx 0.98$

$P_2/(1 - P_2) = (0.5 + 0.05)/(0.08 - 0.05) = 55/3 \Rightarrow P_2 = 55/58 \approx 0.95$

$P_0 = (0.6 - 0.4)(0.5 + 0.05)/[(0.6 - 0.4) \times 0.5 + 0.6 \times 0.06 - 0.4 \times 0.08] \approx 1.06 > 1$

得出的结果为第三种情况。因为，

$W_1(I_1 - I_j) = 0.6 \times (0.06 - 0.05) = 0.006 < W_2(I_2 - I_j) = 0.4 \times (0.08 - 0.05) = 0.012$

这种情形下，金融机构可为守约概率为 95% 以上的借款人提供利率为 8% 的贷款。

如果 90% 的潜在借款人都接受利率为 6% 的贷款，则：

$W_1(I_1 - I_j) = 0.9 \times (0.06 - 0.05) = 0.009 > W_2(I_2 - I_j) = 0.1 \times (0.08 - 0.05) = 0.003$

因此，

$P_0 = (0.9 - 0.1) \times (0.5 + 0.05)/[(0.9 - 0.1) \times 0.5 + 0.9 \times 0.06 - 0.1 \times 0.08] \approx 0.987 < 1$

这时，金融机构应为守约概率在 95%~98.7% 的借款人提供利率为 8% 的贷款，对守约概率大于 98.7% 的借款人提供利率为 6% 的贷款。

（二）利率最优差异定价法

采用最优差异定价方法时，金融机构提供的贷款利率是一种非固定档次的差异化利率，是根据借款人的守约概率、响应和接受程度以及预期利润等因素综合测算得出并提供给借款人的最优贷款利率。各个借款人的情况不同，金融机构提供的贷款利率水平也存在较大差异。

1. 构建模型

理论上来说，当金融机构提供的贷款利率较低时，借款人接受贷款程度较高；当贷款利率较高时，借款人接受贷款的程度较低，中间部分的响应函数弹性非常大。测算型差异化定价模式中，借款人对金融机构不同的利率水平的响应函数是呈线性的，可用简单形式表示为：

$$W(I) = \text{MAX}[0, 1 - B(I - I_L)] \quad \forall I \geq I_L > 0$$

其中，贷款利率最高可执行 $I_z = I_L + 1/B$，这时，$W(I_z) = 0$，没有借款人愿意接受该利率水平的贷款。在现实借贷活动中，借款人的接受程度是不同的，必须考虑到其弹性因素。线性响应函数的弹性可用公式表示为：

$$E(I) = [-W'(I)I]/W(I) = -BI/[1 - B(I - I_L)] = 1 - 1/[1 - BI/(1 + BI_L)] \quad \forall I_L \leq I \leq I_z$$

由于，$E(I) = \begin{cases} -W'(I) = B & I_L \leq I \leq I_z \\ 0 & \text{其他} \end{cases}$

所以，在线性响应函数中，借款人最高利率支付意愿在 $[I_L, I_z]$ 上呈均匀分布。

2. 定价模型实例

假定市场上的无风险利率 $I_j = 5\%$，借款人违约损失率 $D_L = 0.5$，线性响应函数中 $I_L = 0.04$，B=2。因此，$W(I) = \text{MAX}[0, 1 - 2(I - 0.04)]$。以上表明当贷款利率等于或低于 4% 时，全部借贷人都愿意接受贷款；而当利率高于 54% 时，就没有借款人愿意接受贷款。通过代入以上参数计算得出最优利率：

$$I = I_j - W(I)/W'(I) + (D_L + I_j)(1 - P)/P$$

$$I = 0.05 + [1 - 2(I - 0.04)]/2 + 0.55(1 - P)/P$$

$$\Rightarrow 2I = 0.59 + 0.55(1 - P)/P$$

在给定利率 4%≤I≤54% 之间，金融机构对新型农业经营主体的最优利率根据其不同守约率 P 值而不同，如表5-1所示：

表5-1　金融机构对新型农业经营主体的最优利率（基于线性响应函数）

借款人守约概率 P	金融机构最优利率 $I/\%$	借款人接受率 $W(I)/\%$
0.5	57.0	0
0.6	47.8	12.3
0.7	41.3	25.4
0.8	36.4	35.2
0.9	32.6	42.8
0.95	30.9	46.1
0.97	30.4	47.3
0.99	29.8	48.4
1	29.5	49

当借款人的守约概率为 54% 时，与之对应的最优利率高达 54%。如果借款人守约概率低于 54%，金融机构最优利率就要高于 54%，这时便没有借款

人会接受贷款。当借款人的守约概率达到 100% 时，最优利率为 29.5%，即使全部借款人都能够守约，愿意接受贷款的借款人也仅有 49%。

三、合理设置信贷规模和期限

新型农业经营主体生产规模较大，信贷资金需求期限一般较长。因此，金融机构必须结合这一特点，确定更加合理的信贷期限和信贷规模，满足农业生产周期的实际需要。具体来说，对于购置农机具、原材料采购等流动性资金需求，可提供 1 年期左右的短期贷款；对于土地流转、农田综合开发、水利基础设施建设等，则根据农产品回收期，提供 3~5 年的中长期贷款；对于从事林业、果业、茶叶等种植周期较长的经济作物类新型农业经营主体，可以提供 5 年以上的长期贷款。具体应该结合不同类型新型农业经营主体的资金需求来确定。为提高信贷资金的流动性，金融机构可以通过循环贷、快捷贷、转期贷等方式，加快资金流转，提高信贷供给量。对于中长期贷款，金融机构应该加强风险监控。

在贷款额度上，要合理确定贷款规模。新型农业经营主体的一个显著特征就是其规模化经营。在信贷额度上，金融机构应该在逐步完善新型农业经营主体信用体系建设的基础上，结合其生产经营状况、资产状况、信用状况、担保抵押物情况等，逐步提高对新型农业经营主体的信贷额度。按照《中国人民银行关于做好家庭农场等新型农业经营主体金融服务的指导意见》，对从事种植业的专业大户和家庭农场贷款金额最高可以为借款人农业生产经营所需投入资金的 70%，其他专业大户和家庭农场贷款金额最高可以为借款人农业生产经营所需投入资金的 60%。家庭农场单户贷款原则上最高可达 1 000 万元。鼓励银行业金融机构在信用评定基础上对农民合作社示范社开展联合授信，增加农民合作社发展资金，支持农村合作经济发展。

第二节　农村土地金融模式创新

农村土地金融是一种特殊的金融形式，是以农村土地为信用担保的金融产品与土地制度相融合的金融创新[83]。农村土地金融就是以土地为信用担保物或抵押物，向银行等金融机构或者各类中介组织开展资金融通的活动。土地是农民重要的资产，具有非常重要的经济价值，而土地价值的实现需要土地金融的有力支持。结合国外土地金融发展的成功经验，以及我国目前开展的实践，我们总结出以下几种土地金融模式。

一、农村土地银行融资模式

农村土地银行与一般意义上的银行不同，它本质上属于参与农村土地市场管理、进行土地使用权与所有权转换的中介机构[84]。土地银行是指开展土地收储与放贷以及和土地相关信用业务的金融机构。土地银行的实施主体可以是农业合作社，可以是政府，还可以是金融机构。其中以合作社为实施主体的土地银行最早在宁夏回族自治区平罗县开展实践探索，以银行为实施主体的土地银行最早在成都开展实践。

农村土地银行的操作流程是：首先，农村土地银行根据土地估值，确定一个合理的收储价格，将农民分散的土地收储到土地银行；其次，土地银行对土地进行整体开发、改造，提升土地价值；最后，在不改变土地性质的前提下，土地银行将土地放贷给需要土地的第三方，第三方向农村土地银行支付一定的费用，土地银行将一定比例的收益分给农民。合作社的利润来源就是利息差。其他不同类型的实施主体其运营流程和农村土地信用合作社流程一致。农村土地信用社操作流程见图5-2。

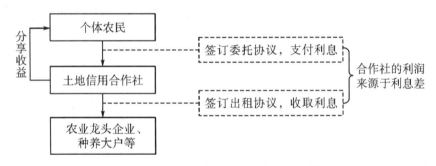

图5-2　农村土地信用合作社操作流程

（一）农村土地银行的特点

1. 业务开展范围广

农村土地银行既是土地流转部门，也是农业社会化服务的提供者。土地银行除了提供土地的收储、租赁业务，围绕提高农业生产效率，土地银行还开展土地开发、信息咨询、统购统销、协调中介等服务。

2. 规模经济效益明显

传统方式下土地分散在不同的个体农户手中，不能形成规模化生产，无法产生更多的经济效益，但将土地流转到合作社，能够实现规模化农业生产、专业化经营，能够提高农业产出。将分散的土地集中到农村土地信用社，能够实现大规模的机械化作业，提高农业机械化程度，最终实现更大的规模经济效益。

3. 解决土地撂荒问题成效大

随着工业化、城镇化速度加快，农村大量人口进入城市，同时留在农村的劳动人口普遍年龄大，劳动能力弱，导致大量土地闲置，但这些农民又不愿意失去土地。过去农民多数通过口头协定的方式将土地转包给其他农户，这种方式容易导致经济纠纷。农村土地信用合作社通过签订协议的方式实现土地的转包、承包，在一定程度上避免了可能产生的纠纷，能够有效解决土地撂荒问题。

4. 有效增加农民收入

传统耕作方式下，由于农业劳动者年龄大、学历低、接受新事物意识不强，所以从事农业的收入低。传统的土地流转由于土地价值低估，影响了农户流转土地的积极性。在土地银行金融模式中，农户可以获得三个方面的收入：一是土地流转收益。土地银行作为中介，可以为土地富余者和土地紧缺者建立信息渠道和交易渠道，减少了信息不对称导致的土地价值被低估的问题，农民通过流转土地能够获得更为真实的土地流转收益。二是务工收入。将农户从土地上解放出来，农户可以进城务工、进入合作社务工，增加了务工收入。三是土地收益分红。在土地银行经营土地并产生收益后，农户可以获得一定比例的分红。

（二）发展农村土地信用社的关键

1. 具备相应的实现条件

农村土地信用社作为土地经营权和土地承租人的中介，需要较高的土地贷地费用来支持其利润实现，而能够支付较高贷地费用的主体一般为大型农业产业化龙头企业或者在经济较为发达的东部沿海地区。因此，有实力的接收主体、较好的收益项目是农村土地信用社实现的重要条件。

2. 广泛拓展融资渠道

目前我国土地银行的融资渠道有限，其原始资金主要来自政府支持、农户入股以及农村集体经济组织，原始积累有限影响了土地银行收储土地的规模，进一步制约了土地银行提供相关农业社会化服务的能力。未来要进一步拓展土地银行的融资渠道，将银行、证券、保险、社会资本等引入土地银行体系，发挥金融机构资金规模大和土地银行立足农村的优势，进一步提高土地银行收储土地的能力。

3. 加强运行规范管理

农村土地信用社是在实践中产生的一种新生事物，是实践探索的产物，需要从制度上加强监管，防范可能产生的风险。一方面要承认农村土地信用社的合法地位，学习和借鉴宁夏回族自治区平罗县的成功经验，将农村土地信用社的经济性质定位为集体所有制企业法人，参照公司的组织机构形式设置组织机构，在工商部门统一登记，并对农村土地信用社登记的经营范围进行明确。另一方面要加强规章制度建设，使农村土地信用社有章可循。对土地信用社的成立、资金来源、组织机构、财务管理以及实施土地流转等进行明确规定，为其实施土地流转提供依据。

4. 规范土地银行操作流程

土地银行的设立涉及土地收储、土地流转等多个过程，都需要规范的合同设计、合同管理。土地银行要建立审计机构，接受相关部门的监管，与政府开展合作，协调好各方利益[85]。合同需要对土地流转价格、土地边界、土地价值、土地面积等进行明确，明确流转双方的权利、义务，确保土地流转合法、合规，降低土地流转风险，维护农民的利益。

二、农村土地经营权抵押贷款模式

农村土地经营权抵押贷款是指在不改变土地的所有权和承包权权属、不改变土地农业用途、不破坏农业综合生产能力的前提下，以农村承包土地经营权作为抵押担保方式，向农民专业合作社、家庭农场、种养大户、农业产业化龙头企业等新型农业经营主体发放的贷款，是以农村承包土地的经营权作为借贷融资的担保，并由此建立起来的各种法律关系[86]。农村土地经营权抵押是更高级的土地金融形式。土地银行只能充当土地流转的中介机构，无法发挥土地的资金融通功能。2019年中央办公厅、国务院办公厅联合印发了《关于促进小农户和现代农业有机衔接的意见》，提出要依法、稳妥、规范推进农村承包土地经营权抵押贷款业务，鼓励小农户参与土地资源配置并分享土地规模经营收益。农村土地经营权抵押有两种方式：一是由个体农户将土地流转到种养大户、专业合作社等新型农业经营主体手中，新型农业经营主体支付一定的土地流转费给个体农户。新型农业经营主体再向银行抵押，银行向新型农业经营主体发放贷款。二是个体农户直接向金融机构抵押土地获得贷款。其操作流程见图5-3。

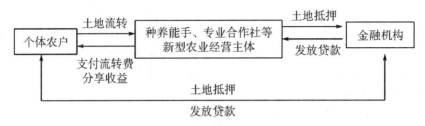

图 5-3　农村土地抵押贷款操作流程

如图 5-3 所示，新型农业经营主体的农村土地经营权抵押贷款流程主要包括：第一，新型农业经营主体根据资金需求向金融机构提出贷款申请，并提交相关资料；银行等金融机构收到土地经营权抵押贷款申请后，对申请贷款的新型农业经营主体展开调查，主要对土地经营规模、生产经营稳定性、土地经营权抵押的合法性、经营项目的合规性、还款来源稳定性及信用等级状况等方面进行调查和审查。第二，在经过调查后，银行等金融机构根据调查或第三方机构评估的土地价值确定放贷额度。第三，银行等金融机构与申请贷款的新型农业经营主体签订《抵押贷款合同》《保证合同》，同时收取新型农业经营主体所持土地经营权证。第四，新型农业经营主体归还贷款的同时银行归还用于抵押的土地经营权证；如果新型农业经营主体无法到期偿还贷款，则由银行等金融机构将抵押的土地经营权通过当地土地流转市场以拍卖等方式进行流转，以弥补其放贷遭受的损失。

（一）农村土地经营权抵押的特点

1. 融资模式的重要补充

目前，我国以商业性金融、合作性金融、政策性金融为主的"三位一体"金融体系在满足新型农业经营主体金融需求方面还存在较大差距，存在融资难、融资贵等问题，影响了新型农业经营主体的发展壮大。农村土地经营权抵押是一种新的金融创新工具，与现有金融体系有较大区别。农村土地经营权抵押以土地为担保物和抵押物向金融机构发起贷款申请，由于土地代表着稳定的还款来源，在这种模式下，金融机构愿意为新型农业经营主体提供期限较长、额度大、利息低的贷款，由此能够有效解决现有金融体系无法满足新型农业经营主体金融需求的问题。

2. 显著提高各方积极性

传统的信贷方式下金融机构由于农业生产经营活动的高风险性存在惜贷、不贷现象。在这种信贷方式下，金融机构往往是按照政策要求发放贷款，缺乏积极性和主动性，且新型农业经营主体在拿到贷款后容易出现违约风险。相反，土地经营权抵押贷款将新型农业经营主体、金融机构等联在一起，新型农业经营主体需要将自身土地的经营权抵押出去，如果违约可能面临失去土地经营权的风险，客观上要求新型农业经营主体按时偿贷。金融机构由于有土地作为抵押担保物，在面临违约风险时，其信贷资金能够在一定程度上得到补偿，因此放贷积极性较高。

（二）农村土地经营权抵押融资的关键

1. 土地的估值和产权界定

土地产权界定是开展土地经营权抵押融资的第一步，只有产权明晰的土地才能实现流转、融资，才能合理界定权利和义务。接着，要准确对土地价值进行评价和评估，土地评估价值一般是土地抵押年中可能产生的收益以及抵押时土地的附着物的综合价值。在实践中土地产权估值面临着以下问题：抵押物的区域差异大，土地价值差别大，进而会影响金融机构放贷意愿，容易出现"马太效应"。

2. 土地经营权变现问题

当新型农业经营主体违约时，金融机构需要将土地变现，以弥补自身信贷本金和利息损失。但由于土地价值评估耗时长、土地变现难等，一般难以通过市场化的方式来实现土地经营权变现。此外，土地作为一种特殊的金融产品，如果处理不好容易引发社会问题，所以在变现中有一定的操作难度。

3. 注意抵押过程中的风险防范

农村土地经营权抵押可能受政治环境、市场环境、抵押物自身、金融机构与融资方五大风险源的影响而产生风险[87]。以土地权属不明、政策支持力度有限、法律法规不健全等为主的政治因素，以农产品价格波动、农村金融市场发育情况、土地交易和土地流转市场为主的市场环境，以抵押物价值、土地估值等为主的抵押物自身环境，以信贷积极性、信贷管理能力为主的金融环境，以生产经营状况、诚信体系建设等为主的融资方因素等任何一个环节，都可能会对土地经营权抵押融资产生影响。

三、土地证券化融资模式

土地证券化有两种实现形式。

一是农村土地收益证券化。土地所有者、农户和参与企业分别以土地所有权、承包权、现金或土地开发服务入股成立土地股份有限公司，从事农业规模化生产经营。土地投资银行基于该块土地带来的农业收益发行证券，第三投资者购买证券，银行为土地股份公司进行规模化农业生产融通到资金（见图5-4）。

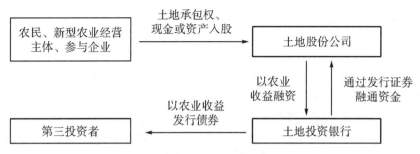

图5-4　土地收益证券化操作流程

二是土地抵押贷款证券化。农民向金融机构抵押自己的土地经营权，以此申请贷款。金融机构将土地交由投资银行整合后发行土地证券获得资金，将涉及资金的贷款相关业务交由金融机构代理，金融机构再按照约定向农民提供贷款[88]（见图5-5）。

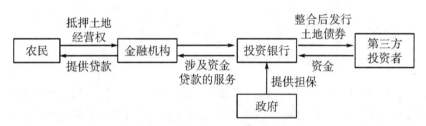

图5-5　土地抵押贷款证券化操作流程

土地证券化的流转方式，能够实现土地资源在更大范围的流转，更能体现土地的价值。土地证券化将资本市场与土地市场、金融市场连为一体，能够在更大范围内筹集社会资本进入土地，能够极大地缓解新型农业经营主体融资难问题，有效促进农业现代化。

土地证券化作为一种新生事物，还有诸多实际问题需要正确处理。一方面，土地证券化作为一种特殊的资本融资方式，如何合理确定土地证券的价格是整个流程能否顺利实现的重要一环。另一方面，土地证券化过程中涉及诸多风险，既包括农业生产经营活动中的风险，也包括资本市场的风险，需要更高的风险把控能力。

第三节　农业供应链融资模式创新分析

供应链金融最早起源于深圳发展银行的"1+N"供应链金融模式。其中"1"指1个核心企业，"N"指N个配套企业，银行基于这些企业相互之间的产业链联系为其提供信贷支持。供应链金融产生后，随着实践不断丰富，逐步上升到了国家层面。2017年国务院印发了《关于积极推进供应链金融创新与应用的指导意见》，首次明确将供应链金融作为主要的金融模式创新进行推广[89]。农业供应链金融是建立在农业产业链或农业价值链基础上的一种新的融资方式，是供应链金融在农业领域的集中体现。供应链金融是一种金融创新方式，这种融资方式能够将农业产业链与金融机构结合起来，能够更好地满足新型农业经营主体的金融需求。同时，由于以农业产业链为基础，实现了不同产业链环节的捆绑，能够降低新型农业经营主体和金融机构的风险，提高金融机构金融供给的积极性。

一、农业供应链金融概念及优势

农业供应链金融是基于农业价值链和农业产业链发展起来的一种形式，是指向农产品从生产到消费过程中的一系列价值活动和环节的产业链中的参与个体或整体之间提供的"组合式"融资服务[90]。具体来说，金融机构以产业链上的农业龙头企业为支撑点，通过产业链将农业企业和农户连接起来，利用农业企业的信用为农户的信用增级。这种方式一方面将单个农户的信贷风险转移到了整个产业链上，降低了单个主体的风险；另一方面也极大地满足了产业链各个环节上新型农业经营主体的融资需求[91]。这种融资模式将农业产业链的整个环节打通，针对农业种植、养殖、加工、销售等整个环节中可能出现的资金短缺问题，通过上、下游捆绑，为其提供金融服务。供应链金融能够有效改变目前新型农业经营主体信用体系建设滞后和抵押担保物缺乏的情况，能够有效帮助新型农业经营主体走出融资困境。

一般来说，农业产业链包括了三个环节：上游的农资环节，中游的种植、养殖环节，下游的流通加工环节[92]。结合这三个产业环节，农业供应链金融一般包括针对生产环节的预收账款"池融资"模式、加工环节的"应付账款融资"模式、销售环节的"存贷质押融资"模式[93]。

农业供应链金融理论上的操作流程为：由产业链核心组织推荐农户，提供担保，商业银行对农户发放贷款，贷款专项用于购买农资，农户出售农产品给产业链核心组织获得的钱款，首先用于归还贷款，在银行、企业、农户、农资供应商之间建立资金运行的闭环。通过完整的贷款链条，增强小农户与产业链之间连接的紧密性[94]。在实践中，黑龙江龙江分行最早开始了农业供应链金融模式的探索。黑龙江龙江分行依托农业龙头企业，将农业供应链上的各个利益主体连接起来，为他们提供系统的金融解决方案。最初大庆分行依托核心企业，向产业链前端的农户发放贷款，形成了"公司+农户+银行"的农业供应链模式。在后续实践中依托中粮集团强大的供应链管理能力，探索形成了"核心企业+上下游企业+农户+政府+银行+保险+科技+其他"的"五里明模式"，这也成为农业供应链金融的一种非常典型的模式。此后龙江银行持续探索，形成了农业供应链金融业务的"农资公司+农户""公司+合作社""合作社+农户""收储加工公司+农户""核心企业+中小供应商"五种模式和种植贷、养殖贷、农资贷、粮贸贷、农信通、农机贷六大产品[95]。

从发展过程看，农业供应链金融经历了内部融资、外部融资、产融结合三个阶段，这也是农业供应链金融的三种模式。价值链内部融资是指农业价值链上的各个参与者之间相互提供资金融通，即由一个参与者和另一个参与者进行的内部融资，是农业价值链各主体依托自身的贸易关系产生的融资方式，如赊销原材料或者赊购行为。在这一阶段，企业利用自身在农业价值链上的优势，依托农业产业链能够实现不同主体之间的贸易融资。价值链外部融资是指突破农业价值链条，将农业价值链外部的资金引入农业价值链，如将银行引入，为农业价值链上的各个主体提供资金支持。在这种融资模式中，金融机构与农业价值链上的龙头企业、农业合作社等主体合作，通过抵押、质押或者担保信用等方式实现信贷供给[96]。这种方式相对于价值链内部融资来说，能够发挥金融机构的资金优势，为产业链各主体提供更多的金融支持。但需要注意的是，在这一阶段，银行获取信息的成本高于价值链融资模式中企业获取信息的成本。产融结合融资是指随着农业生产活动的进一步发展，银行业不再仅仅是资金供给者，还成为农业产业链的组成部分，以更低的信息获取成本和资金成本提供更好的金融服务，如提供金融服务、挖掘产业风险点、建立信用体系等来参与农业生产经营活动，这是农业供应链金融发展的高级阶段。农业供应链金融同传统的信贷模式相比，具有以下优势：

（一）符合农业三产融合发展的内在要求

一方面，农业产业链金融发展是农业三产融合发展的内在要求。2018年中央一号文件指出：要构建农村一二三产业融合发展体系。农业供应链金融正是基于农业产业链形成的一种信贷模式。农业供应链金融实现的前提和基础就是农业产业链上各个利益主体之间依托农业产业链形成紧密的关系，所以农业供应链金融的产生和发展符合农业三产融合发展的内在要求。另一方面，农业供应链金融的发展能够促进农业三产融合。农业供应链金融的发展，对农业产业链上各主体之间的要求很高——不仅要求各利益主体之间建立更加稳定、更加持续的连接关系，而且要求交易行为合法、合规，这客观上也促进了农业三产融合发展。

（二）具有更好的信贷甄别机制

一方面，农业供应链金融能够更好地降低融资成本。农业产业链上的各个主体，一般都依托交易结成合作关系。通过相互之间的交易活动，各主体的偿贷能力、信用状况等更容易识别。一般来说，各主体之间的交易活动越频繁、越稳定，这种甄别就越准确。首先，农业供应链金融需要核心企业提供担保，核心企业为了降低担保风险，一般会对资金需求主体进行信贷甄别。其次，金融机构在提供金融信贷时，会对核心企业的偿贷能力、资产状况、交易状况等信息进行甄别。另一方面，农业供应链金融能够降低融资风险。农业供应链金融的一个非常重要的特征是信贷资金封闭运行[97]。资金的封闭运行在很大程度上降低了个体农户信贷中可能产生的信贷违约风险。在农业价值链中，个体农户与新型农业经营主体之间一般都签订了订单，开展订单合作。这种方式能够保证个体农户的农产品实现价值，降低了受市场价格波动带来的市场风险。同时，产业链上各主体之间构建利益关系，相互之间提供担保，一定程度上降低了违约风险。此外，通过这种信贷甄别机制，能够更好地分析产业链上各个主体的信贷需求，从而能够设计更加适合各个主体的金融产品。

（三）增强核心企业的供应链管理能力

供应链金融依托于农业产业链和价值链，核心企业是关键核心，金融机构主要依靠核心企业的信用状况和担保来为个体农户和其他组织提供金融产品和服务。核心企业需要更强的供应链管理能力来对产业链上的各个主体进行组织管理和控制，这样才能降低金融交易成本。农业供应链金融是依托农业产业链构建起来的，产业链上各个主体之间存在交易关系。金融机构依托交易关系提供信贷，能够减少信息不对称风险和市场风险等，降低交易成本。

二、构建更加稳定的农业价值链

农业供应链金融实现的前提是农业价值链的建立，而农业价值链建立的前提是核心企业在其中发挥核心和关键作用，因此必须发挥核心企业在农业价值链构建中的重要作用，重视农业龙头企业的提质升级。在发展农业供应链金融服务时，首先要对核心企业的信用状况、资产状况、偿贷能力等进行审核，一般省级或者国家级农业龙头企业较容易获得农业供应链金融产品和服务。但一般的县域性、市级农业龙头企业必须更加重视自身生产经营能力、资产规模、偿贷能力特别是供应链管理能力的提升。一方面，农业龙头企业必须不断提高自身生产经营管理水平，提高自身对价值链的统筹能力，在农业价值链中发挥领导作用。成熟的供应链中各节点通常以发展自身的核心业务为主，通过增强其核心竞争力来增加本环节的附加值，简而言之就是要"横向发展、纵向合作"（李毅，2013）[98]。核心企业必须进一步聚焦主业，提高自身的核心竞争力，避免业务多元化发展带来的竞争力分散，削弱自身在价值链中的领导力。另一方面，必须提高对农业价值链的管理能力。农业价值链的稳定性、持续性，都有赖于核心企业在其中发挥管理作用。目前，农业龙头企业和专业合作社是农业价值链的主要组织形式，但专业合作社由于其市场主体地位不明确、运行不规范、财务制度不健全等问题无法在农业价值链中发挥管理作用。要充分发挥农业龙头企业在农业价值链中的管理作用，通过一定的价值链联系将上、下游产业紧密地结合起来，发挥其在农业价值链中的建链、强链作用。

三、创新多种供应链金融服务模式

农业供应链金融自产生以来，在实践中形成了多种实践形式，对解决新型农业经营主体以及个体农户信贷问题产生了极大的作用，但在实践中也存在诸多问题。以农业合作社为例，农业合作社在我国新型农业经营主体中占比最大，但由于农业合作社发展具有极大的地域特色，因而金融机构在开发产品时也带有明显的地域特色，无法实现更大范围的推广和普及。在实践中，农业供应链金融多数以农业龙头企业为依托，对农业龙头企业提出了更高的要求。如何更好地实现农业供应链金融对新型农业经营主体的有效支持，需要创新现有服务模式。

（一）建立和完善金融产品和服务体系

从供应链金融具体产品来看，其主要包括向供应商提供的存货质押贷款、应收账款质押贷款、保理、提前支付折扣、应收账款清收、资信调查、结算等，向购买商提供的供应商管理库存融资、商业承兑票据贴现、原材料质押贷款、延长支付期限、国际国内信用证、财务管理咨询、结算等。此外，供应链金融产品还包括应收账款清收、资信调查、财务管理咨询、现金结算、贷款承诺、汇兑等中间业务产品[99]。

（二）围绕特色产业提供金融服务

农业价值链，主要是核心企业以自身业务为基础，围绕某一特色优势产业形成的上、下游产业链联系。金融机构应围绕特色农业产业提供有针对性的金融产品和服务。以柑橘产业为例，柑橘从种植到挂果，一般要经过 3 年左右的时间，回收期较长，这意味着金融机构在设计金融产品时，必须结合柑橘的生长周期来提供金融产品。而蔬菜种植则不同，蔬菜种植季节性强，种植期一般为几个月，回收期较短。针对这种产业特性，金融机构在设计金融产品时，需要更加体现金融产品的短期性、应急性、小额性。针对不同的主体，农业种植、养殖个体农户其金融需求一般包括购买农资、购买种子幼苗等，资金需求量少，一般在农作物回收后就可收回贷款。农业生产加工企业的金融需求则包括购买机器设备、收购农产品等，资金需求量大，且一般要在产生收益后才能收回贷款。因此，应针对农业供应链上不同主体的信贷需求特点，有针对性地开发农业金融产品和金融服务。如农业银行围绕福建茶叶、云南花卉、新疆林果、江西油茶等特色优势农业，综合运用农户贷款、龙头企业贷款、商户贷款、线上支付、综合资金管理等产品，为特色农业产业链资金使用和顺畅流动提供金融服务[100]。

（三）围绕农村一二三产业融合提供服务

农业价值链将农产品从生产到消费过程中的一系列活动连接起来，消除了以前个体农户单独应对销售商、原材料供应商、运输商等存在的弊端，实现了农村一二三产业的融合发展，农业供应链金融正是基于这一融合的创新。金融机构应加大对农业价值链核心企业的支持力度，着眼于农业价值链各个环节上的各个主体，认真分析农业价值链发展中影响价值链构建的关键环节存在的问题，并提供金融服务和金融解决方案。以黑龙江龙江分行为例。在其开展农业供应链金融探索时，龙江分行对不良贷款产生的原因进行了深入分析，发现其主要原因是农产品品质低，无法满足市场需求。龙江分行为改变这一局面，将各类高等院校、科研院所等科技资源引入农业价值链中，依靠科技的力量提高农产品的产量和品质，最终使农户的收入得到了保障，也客观上降低了不良贷款率的发生。所以说，农业供应链金融发展需要金融机构积极帮助农户、专业合作社、种养大户、农业企业等主体巩固他们的利益联结，并提高这种联结的效益。比如农业银行以农业龙头企业、农产品流通市场、县域旅游景区等为重点，积极创新金融产品，深入开展专项服务行动，包括选择 100 家营业收入超过 100 亿元的龙头企业、选择 100 家年交易额 50 亿元以上的县域批发流通市场、选择 100 个旅游资源丰富的县域开展了有针对性的金融服务[101]。

金融机构针对农业价值链各个环节的主体提供有针对性的金融服务，如对个体农户提供短期、小额、应急性的信贷支持，对专业合作社提供土地流转、购买农资等信贷支持，对农业龙头企业提供大额信贷支持。通过这种方式为农业价值链稳定联结提供配套支持。除了直接投入产业链各主体生产经营中的资金，还需要加大对农业科技、农业水利基础设施、农业机械化等方面的金融支持。农业价值链的发展需要完善的市场体系，包括原材料市场、加工市场、批发市场和零售市场，对包括农田水利、交通、仓储物流等的要求也较高。此外，农业发展对农业科技的要求，需要金融机构持续、长期投入，这是提升农业价值链持久竞争力的重要方面。

（四）推动农业价值链外部融资向产融结合融资发展

我国农业供应链金融采用的还是价值链外部融资模式。金融机构作为农业价值链的外部支持者，没有成为农业供应链的一环，未来应改变这种状况，将金融机构融入农业供应链。金融机构融入农业供应链，能够进一步降低获取信息的成本。金融机构在农业价值链金融中，主要有交易成本和信息获取成本。同农业价值链融资相比，农业价值链外部融资能够降低金融机构的信息获取成本。由于联系紧密、利益共享、风险共担的供应链网络中，龙头企业要实现利益最大化，依赖于供应链上、下游合作伙伴生产经营的稳定，因此愿意通过信用捆绑来提升中小企业或农户的信用等级[102]。采用这种方式能够极大地降低银行获取信息的成本。在这一过程中，银行仍然存在较高的交易成本；但对于产融结合农业供应链融资方式，金融机构成为农业价值链的一环，能够进一步降低金融机构与借贷主体之间的交易成本，从而最终降低金融机构的信贷成本。

四、加强农业供应链风险防范

由于农业供应链金融主要是以间接融资为主，往往面临着道德风险突出、供应链整体信贷风险识别难、区域或行业系统性风险防控难度大等风险，这些风险使得商业银行在推行农业供应链金融信贷过程中大多数处于观望状态或小范围开展试点，并未广泛推广实践[103]。由于农业供应链金融涉及产业链上、下游的农户、企业、农业加工企业、销售企业等各个环节，如果产业链上任何一个主体或者环节出问题，都会对供应链金融产生系统性影响，引发整体风险。如农业价值链上的各个主体，特别是个体农户，由于信用意识淡薄，无法按照规范的信用约束其行为，在市场价格高于收购商的收购价格时，个体可能会单方面违约，将导致收购商难以实现原材料的收购，进而影响到整个农业价值链的稳定，从而由道德风险引发其他风险。由于供应链金融还处于探索发展阶段，相关的法律法规还不完善，涉及的众多主体之间利益协调难度大，很容易由于技术或者操作层面的问题影响供应链金融的实际操作，从而导致技术性风险。此外，农业供应链金融作为一种新生事物，金融机构在提供金融产品和服务时还可能面临一些管理风险。对此，必须从以下几个方面做好相关工作。

（一）建立健全制度性风险防范机制

在实践中，为防范农业供应链金融可能产生的各种风险，黑龙江龙江银行探索了标准化准入体系、操作平台、动产担保、风险预警、合作监管方和核心企业等方面的风险管理体系[104]，为我们构建制度性的风险防范机制提供了参考和借鉴。

一是实行资金封闭运行。传统的信贷方式是金融机构直接将信贷资金发放到个体农户手中，个体农户由于信用意识淡薄，容易挪用信贷资金，导致信贷资金没有投入应该投入的领域。实行资金封闭运行，金融机构将为农户提供的贷款发放到农业龙头企业账户，当农户需要资金时由农业龙头企业代为发放。当农户农产品卖出后，农业龙头企业直接在货款中扣除贷款资金，将剩余部分交给农民，避免了将贷款直接发放给个体农户后产生的资金挪用风险。二是强化履约保障。供应链金融实现的一个关键就是合约，即保证履约。如果产业链上某一个主体没有履行合约，整个产业链上的参与者都会受到影响。未履约的主要原因包括契约不合理、各参与主体之间的利益分配不均衡、难以调动农户的积极性、对农户的约束小容易产生违约。龙江银行通过引导农业龙头企业与农户以及上、下游企业签订契约或订单的方式，降低了单一主体的违约风险。三是通过提供科技服务间接降低农业供应链金融可能面临的生产经营风险。龙江银行最初为以林甸县的马铃薯加工企业为核心的农业供应链提供信贷支持时，发现不良贷款率很高。银行对此进行了认真研究，发现其原因在于个体农户缺乏科技指导，生产方式过于粗放，导致农业生产活动容易遭受自然灾害。在此基础上，银行通过吸引科研院所、与东北农林大学合作、组织专家开展科技讲座等方式提高了农业生产的科技含量，大幅降低了农业可能遭受的生产风险。因此，在构建农业价值链中，要依靠农业龙头企业或者金融机构的力量，将科技资源引入，降低农业生产活动可能遭受的各种自然灾害。四是构建科学的激励约束机制。具体来说，金融机构将每次农业信贷资金的使用情况纳入信用考核，作为下一次信贷资金发放的依据。对能够按时偿本付息的农业价值链各主体，为其提供宽限额度信贷、降低利率等优惠政策，鼓励农业价值链各主体更加重视信贷资金的使用效率。对挪用信贷资金、未按时偿还信贷资金的农业价值链主体，采取警告、纳入黑名单等方式对其信贷行为进行约束，将农业价值链各主体的履约情况纳入信用考核体系，从而降低农业价值链各主体的违约风险。

（二）加强农业供应链金融的风险监管

农业供应链金融作为一种新生事物，由于其涉及主体较多，各个主体有不同的利益诉求，且农业供应链金融对运行环境要求较高、操作程序复杂，监管部门必须加大监管力度。要逐步探索建立科学的客户准入、评级机制，选择以发展成熟、信用良好的龙头企业为核心的农业供应链，防范核心企业经营失败带来的全供应链系统性风险。在实际中可行的一种方式是实行"联保信贷"。联保贷款是在"农户联保"基础上形成的一种新的融资方式。农业龙头企业作为核心组织，在联保贷款上具有更大的优势。农业龙头企业依托自身的组织优势，能够形成更加有效的组织框架和运营模式，提高违约成本。比如，北京农村经济研究中心和农业银行北京分行于2012年开发的合作社联保贷款是由至少三个合作社组成联保小组，个体向农业银行申请贷款，合作社之间共同承担连带责任担保[105]。贷款主要用于满足借款人的流动性资金需求，一般为短期贷款。此外，湖北省襄阳市宜城市的"四基同创"（指"家庭农场+新组织+金融部门+担保公司"）模式实现了生产经营与金融机构的互动，开辟了家庭农场这一新型农业经营主体新的融资渠道。经过实践检验，联保贷款较为灵活，能够在较大程度上满足新型农业经营主体的融资需求。银行金融机构在开发联保贷款产品时，应根据不同类型、不同规模的新型农业经营主体设计不同的联保贷款产品，提供差异化服务，从而满足不同新型农业经营主体在额度、期限等方面的不同需求。此外，要完善相关的法律法规，在试点基础上形成可供复制推广的成功经验。

第四节　新型农业经营主体直接融资体系

直接融资是指没有中介机构介入的一种资金融通方式。相对于间接融资而言，这种融资方式能够实现资金富余者和资金需求者之间的直接对接，既可以免除资金需求者需向金融中介机构支付的各种服务费，降低资金需求者的融资成本，又能够给予双方更多的选择自由，从而降低其中的潜在风险。新型农业经营主体直接融资方式目前还较少，为新型农业经营主体提供的金融供给十分有限，未来需要大力发展直接融资市场，加大直接融资市场对新型农业经营主体金融供给的支持力度。

一、股票基金市场金融支持

鼓励条件成熟的农业龙头企业通过股票首发或资本市场再融资来实现融资。鼓励农业龙头企业在符合条件的基础上积极上市，并公开发行股票。鼓励龙头企业在上市后通过配股、增发等方式在证券市场上实现直接融资。2015年和2016年，我国已有仙坛股份、众兴菌业、雪榕生物、宏辉果蔬4家农业企业实现首次公开发行股票并上市，实现融资16.35亿元，极大地缓解了企业融资难的状况[106]。截至2017年，我国农业上市公司达到52家，农林牧渔行业共有88家上市公司。

鼓励农业中小企业挂牌新三板。早在2014年中央一号文件中国家就已经明确，引导暂时不具备上市条件的高成长性、创新型农业企业到全国中小企业股份转让系统进行股权公开挂牌与转让。鼓励农业企业上市不仅可以帮助农业企业实现融资，更重要的是能够帮助农业中小企业在管理体制、财务制度等方面更加规范和完善。

二、期货市场金融支持

经过多年的发展，我国已经形成了产品覆盖广、市场规模大、具有一定竞争力的期货市场。截至2018年末已上市23个农产品期货品种和2个农产品期权品种，覆盖粮、棉、糖、林木、禽蛋、鲜果等主要农产品领域。期货市场具有套现保值和价格发现功能，能够在很大程度上降低新型农业经营主体面临的风险，也能引导产业转型升级，对我国农业现代化具有重要意义。从新型农业经营主体参与期货市场的情况看，由于期货市场具有较强的专业性，对参与主体的要求较高，需要新型农业经营主体具备较雄厚的资本实力。因此，新型农业经营主体进入期货市场需要做好几方面的工作。一是政府和金融机构要加大宣传和教育培训力度，加深新型农业经营主体对期货市场的了解，加大对政府工作人员和乡镇干部的专业培训，通过他们帮扶带动新型农业经营主体对期货市场的了解。二是要畅通信息渠道。期货市场最重要的是信息，通过电视、广播、报纸等传统媒体，以及微信、QQ等新媒体，定期向新型农业经营主体公布国内外主要农产品市场价格和市场供求，为新型农业经营主体从事生产经营提供指导。三是进一步规范新型农业经营主体的行为。新型农业经营主体要进一步规范自身行为，严格按照期货市场的要求开展生产管理、健全财务制度，从而提高自身参与期货市场的实力。

三、债券市场金融支持

按照 2015 年中国证监会发布的《公司债券发行与交易管理办法》，积极推动农业企业在交易所市场发行债券融资。在银行间市场上，鼓励农业企业发行中期票据、短期融资债券、超短期融资债券、非公开定向融资工具等多种债券产品。债券市场融资具有极大优势。一是产品丰富。债券市场能够为农业企业提供多样化的融资工具，满足农业企业在不同时期、不同阶段、不同类型的融资需求。二是成本低。债券市场服务农业企业的优势在于它对市场变化反应灵敏，环节少，融资链条短，能够极大地降低农业企业的融资成本。按照经验数据，同信用等级的企业，发行债券的成本比通过金融机构贷款利率要低 2 个百分点。三是能够降低企业的负债率。以北京顺鑫农业股份有限公司为例，2016 年 9 月 26 日公司发行的 10 亿元永续票据可纳入权益，在为公司提供融资的同时，也降低了企业的负债。因此，未来要进一步发挥债券市场服务农业企业的功能。

第五节　新型农业经营主体互联网融资体系创新

除了传统金融方式，应充分发挥"互联网+"的优势，解决传统金融的供给不足问题。2010 年以来，互联网金融在我国得到了迅速发展。同传统的金融模式相比，互联网金融具有门槛低、成本低、资金高集约、风险可控等特点。因此，互联网金融可以使得个性化、碎片化金融需求得到充分释放和满足[107]。互联网金融能够很好地解决新型农业经营主体缺乏担保物、信贷风险高、融资难、融资贵等问题，也能很好地解决新型农业经营主体无法从传统金融机构获得金融支持的问题。

同传统金融相比，互联网金融服务新型农业经营主体具有几大优势。一是能够有效集中社会闲散资本。虽然我国已经初步构建起了新型农业经营主体金融支持体系，但从实际来看，由于各种原因影响，新型农业经营主体仍然存在很大的资金缺口。依托互联网平台和大数据的互联网金融融资方式，能够将众多拥有闲散资本的资金拥有者集中起来，形成一定规模的资金流，极大地满足新型农业经营主体的资金需求。这种特色型融资需求的单笔合同规模相对较小，但其融资需求的合同单数量规模相对较大，恰好符合安德森（Chirs Anderson）所提出的长尾理论[108]。因此，互联网金融是弥补新型农业经营主体资金需求得不到满足这一缺陷的有效手段。二是能够有效解决传统金融信息不对称和交易成本高的问题。传统金融背景下，新型农业经营主体融资难的一个重要原因就是资金借贷双方之间信息不对称。按照金融机构信贷审核要求，银行无法根据现有条件准确评估新型农业经营主体的偿贷能力，从而产生惜贷现象。互联网金融背景下，依靠网络平台和大数据，资金供给者能够更加清晰地获得新型农业经营主体的资产状况、经营状况、市场销售状况等数据，从而能够准确判断新型农业经营主体的偿贷能力以及发展前景，从而做出准确的投资判断。同时，互联网带来的信息对称大大降低了资金借贷双方的交易成本，从而降低了融资成本。三是能为降低农业信贷风险提供技术支持。传统金融背景下，由于信息不对称，极易发生违约风险。在互联网金融模式下，借助大数据、云计算等技术手段，资金供给者能在网络平台上查询到新型农业经营主体的资产规模、偿贷能力、产品市场占有情况等各种信息，通过信息资源共享，可有效防范信息不对称导致的违约风险。

目前，互联网金融支持新型农业经营主体的模式主要有 P2P、小额贷款融资、众筹融资、供应链融资、门户融资。

一、新型农业经营主体的 P2P 信贷融资模式

P2P 信贷融资是指通过网络平台将资金供给者和资金需求者集中起来，由资金供给者为资金需求者提供资金。应用到新型农业经营主体，即新型农业经营主体通过网络寻找有贷款能力和贷款意愿并能满足其金融需求的资金供给者，由资金供给者为其提供金融支持的一种融资方式。从程序上看，网络平台将新型农业经营主体的金融需求通过平台发布，资金借贷方通过平台对新型农业经营主体的金融需求进行分析，根据自身实际情况决定是否提供金融支持。双方通过网络平台达成初步合作意向。在此基础上，新型农业经营主体在网络平台上将自身的经营状况、资产状况等进行公布，由资金供给者进行审核。最后双方根据借贷匹配原则签订借贷合同。新型农业经营主体 P2P 信贷融资模式具有以下几个特点：

一是对资金借贷方的投资门槛低。对资金借贷方来说，其大额资金可以通过理财等方式实现投资，产生投资价值，而小额的闲散资金一般难以找到投资渠道。采用 P2P 信贷融资，因准入门槛低，资金借贷者将自身拥有的闲散资金放到平台上，通过平台匹配后借给资金需求者，这种投资方式能够进一步实现资金借贷者闲散资金的价值。

二是投资收益较高。相比传统的投资方式，新型农业经营主体 P2P 信贷

融资模式的收益较高，其收益普遍在10%左右，能够为资金借贷者带来更多的收益，对资金借贷者产生了较大的吸引力，客观上能够扩大平台的筹资规模，提高服务新型农业经营主体的能力。

三是融资程序简单。传统的银行信贷审批方式耗时长，信贷审批严格，新型农业经营主体的时间成本和交易成本较高；而P2P信贷融资模式的信贷审批程序简单，资金获取时间短，与新型农业经营主体对资金需求的应急性、季节性特点相符，更符合新型农业经营主体的资金需求特点。

二、新型农业经营主体的网络众筹模式

众筹是指资金需求方借助互联网的扩散性优势，在网络上发出资金需求信息，通过将众多拥有闲散资金的投资者集中起来达到所需的资金需求额，进而完成融资的方式和手段[109]。众筹模式能够实现资金供需双方的双赢，是"互联网+金融"的一种创新。目前，网络众筹模式一般应用于疾病资金筹集、项目筹资等，在新型农业经营主体筹资领域应用还较少。其优势主要体现在以下方面。

一是融资渠道广。网络众筹模式依托互联网和大数据渠道，是互联网应用在金融领域的具体体现。这个众筹模式能够克服传统资金筹集需要达到一定规模、资金借贷方比较单一的缺点，将社会上资金借贷者手中的闲散资金，集中起来，从而实现积少成多，达到"1+1>2"的效果。这种多元化的资金借贷方能够降低单一借贷方借贷资金可能产生的风险，实现分散风险和降低风险的目的。

二是融资成本低廉。网络众筹模式的一个最大特点就是去中间化，没有中介机构参与，实现了资金借贷方和新型农业经营主体的直接对接，这种方式既能解决中介机构参与可能导致的新型农业经营主体融资规模小、融资成本高、融资效率低等问题，也能有效解决中介参与可能导致的腐败问题。

三是支农效果显著。通过众筹能够将广大的、闲散的社会资本集中起来，满足新型农业经营主体的资金需求，也可间接实现对新型农业经营主体的产品营销。同时，资金供给者利用自身闲散资金为新型农业经营主体提供金融支持，并据此参与新型农业经营主体的生产经营活动，为新型农业经营主体提供技术、资源等方面的支持，能够帮助新型农业经营主体实现更好的发展。这种方式特别适用于初创期的新型农业经营主体的融资。

三、新型农业经营主体的小额贷款融资模式

小额贷款融资模式是由电商发起成立小额信贷公司，在新型农业经营主体

需要融资时，由新型农业经营主体向信贷公司发起信贷申请，由小额信贷公司为新型农业经营主体提供信贷支持的一种融资模式。依托大数据建立的小额信贷公司，能够解决传统金融背景下由于借贷双方信息不对称产生的交易成本高、违约成本低的问题，能够提高借贷双方的信息透明度，更便于资金借方准确地判断资金投资。这种融资模式对管理制度完善、资产状况良好、具有一定品牌知名度的新型农业经营主体更为有利。这种融资方式具有以下优势。

一是能够解决信息不对称问题。在大数据小额贷款融资模式下，小额信贷公司依托大数据能够采集到大量的资金借贷者、新型农业经营主体的信息，建立用户信息体系，从而根据不同主体的偿贷情况进行信用评分，最终根据信用评分为新型农业经营主体提供信贷服务。这样能有效地解决传统模式下新型农业经营主体信息不对称的问题，降低交易信息成本。

二是能够降低资金借贷者风险。大数据小额贷款融资模式与 P2P 融资模式的不同之处在于：小额贷款融资模式主要是小额信贷公司向新型农业经营主体这种个体提供资金借贷，借贷行为的收益和风险都集中在小额信贷公司，因而降低了资金借贷者的资金风险。

四、加强互联网金融监管

互联网金融在为新型农业经营主体便捷地带来资金的同时，也存在潜在的风险。由于准入门槛低、约束力弱等原因，可能出现新型农业经营主体为了获得资金而恶意诈骗、非法集资等现象。因此，必须加强对互联网金融服务新型农业经营主体的监管。

一是完善互联网金融的法律法规体系。互联网金融是一种新兴产业，传统的金融监管模式并不符合互联网金融的监管要求，需要尽快完善互联网金融的法律法规体系，为新型农业经营主体互联网融资提供依据。要加强互联网金融监管，学习借鉴发达国家混业监管的经验，摆脱分业监管模式下监管机构无法跨越行业进行监管的困境。要提高资金供给者和新型农业经营主体准入门槛，明确相关的权利和义务，同时明确退出机制和惩罚机制，对互联网金融实施过程中的违法违规行为给予严厉打击，规范双方行为。同时，要强化行业协会组织，依靠行业协会提高互联网金融的行业自律，发挥行业协会的监管作用。

二是加强对新型农业经营主体的监管。新型农业经营主体由传统的个体农户发展而来，虽较传统个体农户素质高些，但对金融融资仍缺乏了解，缺乏风险意识。由于新型农业经营主体管理落后，财务制度不健全，与符合市场要求的金融主体还存在较大差距，因此必须加大对新型农业经营主体的培育和引导，促使他们加强对金融市场的熟悉和理解，引导他们按照金融规则开展金融活动。同时，提高其自身素质，引导新型农业经营主体按照现代企业管理制度要求健全管理体制、财务制度，使自身更符合互联网金融的相关要求，提高自身参与互联网金融的能力和水平。

三是加强对网络平台的监管。互联网在为新型农业经营主体带来融资便利的同时，也面临着信息安全的风险。因此，监管机构要加强对互联网平台的监管，提高信息采集时的真实性，要求资金提供者和新型农业经营主体为提供数据的真实性提供担保，并承担相应的法律责任。在新型农业经营主体发布融资需求时，要配合以客户存款、固定资产、理财等资产为偿贷保证。同时要在信息审核过程中引入第三方机构，依托大数据建立交叉验证模型，强化对信息真实性的验证[110]。要加强信息使用的安全性，监管机构要加大对互联网公司的监管，注重信息保密，避免由于互联网信息的可共享性出现新型农业经营主体和资金供给者数据丢失。

五、加强互联网金融硬件基础设施建设

互联网金融基础设施是指对国家经济发展有重大影响、涉及金融稳定运行的基础硬件设施，在实践中主要表现为支付清算系统、账户体系、征信体系、公共信息等。互联网金融在城市较为发达，但是在农村地区由于金融生态环境滞后，互联网金融的硬件设施较为缺乏，互联网金融生态环境建设滞后。中国互联网络信息中心（CNNIC）发布的第45次《中国互联网络发展状况统计报告》显示，到2020年3月，中国农村地区互联网普及率为46.2%，较2018年年底提升7.8个百分点。城乡地区互联网普及率差异缩小5.9个百分点，这意味着我国很多农村地区互联网金融发展的条件还需要进一步提升。政府要加大对互联网金融硬件设施建设的支持力度，通过财政、税收等各种手段鼓励网络运营商和互联网金融机构投资建设农村地区的互联网金融硬件设施。

一是加快互联网金融硬件基础设施建设。一般认为互联网金融基础设施包括法制环境、服务环境、系统环境三个方面的内容。而系统环境也就是互联网金融硬件基础设施，主要包括信用信息库、支付结算系统、金融资产交易系统等硬件基础设施，是发展互联网金融的必要条件。完善的电子认证体系是在互联网环境和移动终端开展金融活动的前提，是构成网络信用体系的重要组成部分[111]。中国人民银行《关于改进个人银行账户服务加强账户管理的通知》明确了各类账户的功能，这为互联网金融发展提供了良好的认证环境。支付清算体系是适应互联网金融发展而产生的，是互联网技术与支付手段深度融合的产物。互联网金融采取线上支付方式，与传统的介质交易账户有很大的区别，能够将支付渗透日常生活的各个方面，因此需要加强支付清算体系建设。信用体系是互联网金融基础设施的重要组成部分，也是降低互联网金融风险的重要保障。

二是建立多元化主体合作机制。互联网金融硬件基础设施建设投资大，需要建立多元化的投资主体，共同打造互联网金融的生态环境。特别要重视互联网金融基础设施与其他基础设施，如信息化基础设施的互联互通，实现共建共享。通过多主体的投资，实现跨行业、跨部门、跨地域的资本、技术和智力资源整合，共同加快互联网硬件基础设施建设。

三是保证基础设施安全稳定运行。根据互联网金融的发展特点，监管部门要加强对互联网金融基础设施的监管，加强统计、反洗钱和风险预警系统等基础设施建设，及时把握互联网金融的变化情况，防范其中可能存在的各种风险。

第六节　农业融资租赁金融业务的发展思路

融资租赁是现代农业融资的有效金融工具，在扩大农村基础投资、促进农村生产技术改良等方面有着独特优势。我国早在 2015 年中央一号文件中阐述农村金融体制改革时就特别强调，要开展大型农机具融资租赁试点[112]。融资租赁是一种新型融资方式，能够实现融物与融资相结合。在融资租赁中，新型农业经营主体不需要自己花费资金购买设备，而是向租赁公司租赁设备。在租赁期内，新型农业经营主体向租赁公司支付租金，租赁期满后，承租人可选择退租、续租或者留购[113]。融资租赁具有门槛低、程序简单等特点和优势，有效解决了新型农业经营主体融资难问题。未来租赁公司要加强与金融机构的合作，开发更多的金融租赁产品和服务，扩充租赁公司的资金来源。政府要通过税收政策、补贴政策、建立风险补偿基金等方式加大对融资租赁的政策支持。

一、加强融资租赁业务的应用推广

虽然农业融资租赁在我国已经发展了多年，并在部分地区开展了试点，但是作为一种新型融资方式，融资租赁在农村的社会认知度仍较低，特别是在中西部欠发达的农村地区，新型农业经营主体对何为融资租赁、融资租赁的优势是什么等缺乏认识，新型农业经营主体仍然"重买轻租"。

融资租赁作为一种新型融资方式，具有诸多优势。一是降低了新型农业经营主体的支付压力。传统的新型农业经营主体购买设备，需要一次性支付货款，压力较大。而在融资租赁中，新型农业经营主体只需在一定时期内按期支付租金，将还款压力分摊到每个还款期，便于新型农业经营主体更好地安排和使用资金。二是租赁期限符合农业生产的周期性特点。融资租赁期限一般为3~10年，出租人一次性购买农机，新型农业经营主体只需在租赁期内按期支付租金即可，这与农业一次投入、分期回收的特点相符合。三是承租手续办理简单。融资租赁大大降低了对新型农业经营主体自身资金总量、偿还能力、信用状况等方面的要求，在很大程度上解决了目前金融机构由于新型农业经营主体缺乏抵押物而不愿贷的问题。四是租金支付灵活。融资租赁中新型农业经营主体在支付租金时，出租人可以根据新型农业经营主体当期资金占有情况灵活确定租赁费用，更加适合新型农业经营主体农业生产的特点。五是提升农业机械化和现代化程度。融资租赁一般应用于农业机械、基础设施建设等，这些领域一般属于中长期投资，也是金融机构不愿涉及的领域。依托融资租赁能够将一次性的中长期投入分解为多次、中短期的投入，新型农业经营主体也能够借此以较小的投入使用农业机械设备，可有效推动新型农业经营主体推广应用农业机械。

目前，租赁业务的领域已经突破了传统的农业机械设备，涵盖了机械耕种设备、其他农场设备、农产品和食品仓储所需设备、农产品加工所用设备、食品和饮料制造设备、原料和原材料供应商所需设备、农产品经营商所需设备、产品零售环节所需设备、农用设备供应商所用设备、农业水利和能源等基础设施设备等领域，延伸到了农业产业链的各个环节，是缓解新型农业经营主体金融需求的有效途径。

二、创新融资租赁模式

一是厂商租赁模式。厂商租赁模式是指融资租赁公司与农业设备制造厂商结成战略合作关系，厂商向租赁公司推荐农业设备承租人，由租赁公司向厂商支付设备价款，并向推荐的农业设备承租人提供融资租赁服务。这种方式由于厂商提供担保或回购承诺，可以减轻租赁公司的经营风险。二是承租人联合租赁模式。联合租赁模式是由几个新型农业经营主体联合组成联合承租人，共同向融资租赁公司承租农机。这种方式不仅降低了单个新型农业经营主体的承租费用，还能借助新型农业经营主体之间的信用约束降低农机租赁公司的监管成本，提高监管效率，有效规避租赁期内可能产生的风险。三是集体土地使用权租赁模式。这是以土地为标的一种融资租赁模式，个体农户将拥有的土地使用权出租给融资租赁公司，公司再将土地使用权出租给新型农业经营主体，由新型农业经营主体按期支付租金的一种融资租赁方式。这种方式是当前城镇化、工业化进程中大量土地荒芜化的产物，能够为新型农业经营主体开展规模化经营提供条件。四是经营性租赁模式。经营性租赁模式是指标的物所有权不发生转移的一种融资租赁方式。按照《企业会计准则第 21 号——租赁》第五条规定，融资租赁是指实质上转移了资产所有权有关的全部风险和报酬的租赁，其所有权最终可能转移，也可能不转移[114]。在这种模式中，出租人将自身拥有的可供出租的资产出租给承租人，租赁期满后资产所有权仍然归出租人所有，承租人仅仅拥有使用权。这种方式使得新型农业经营主体无须占有资产的所有权，能够进一步降低其租赁成本。五是租售结合模式。从交易程序看，先由出租人向设备供应商买断设备；而后出租人与承租人签订协议，设备所有权由双方按已经还款的比例进行分割，直至合同履行完毕。当承租人合同履行义务完成后，设备的所有权归承租人。这种方式兼具出租与出售特点，因此被称为"租售结合"[115]。这种方式能够极大地降低承租人与出租人的风险，因为承租人在租赁期内拥有设备的部分所有权，会更加爱惜设备，从而降低了设备的人为损害风险；此外，在租赁期内当承租人无力支付租金时，可以按照比例分割设备的使用权，承租人可以按照这部分比例取得部分补偿，降低了承租人的风险。六是售后回租方式。这种方式是新型农业经营主体将拥有的资产，一般是整体资产打包出售给租赁公司，获得流动资金，而后新型农业经营主体通过回租的方式，按期支付资金占有资产的使用权。这种方式的优势在于一方面能够为新型农业经营主体筹集大量资金，满足新型农业经营主体短期的资金需求，另一方面新型农业经营主体的资产实现整体打包出售，赋予了农业配套设施融资的功能，提高了新型农业经营主体的融资能力。

三、政府加大扶持和培育力度

由于农业融资租赁的利润率较低，国外一般通过财政补贴、减免税收、提供低息贷款等方式为融资租赁业务提供扶持和帮助。为加快融资租赁业务的发展，必须做好以下几个方面的工作。一是降低准入门槛。目前农业融资租赁适用的制度与其他产业融资租赁业务并无差异，设立租赁公司需要 1 亿元的注册资本。从农业生产经营活动的特点看，这一准入门槛过高，大量主体无法进入这一领域。鉴于农业生产活动的特殊性，未来要进一步降低涉农租赁公司的准入门槛，增加农业融资租赁的供给。二是完善政策体系。如美国的约翰迪尔

（Joho Deere）租赁公司得益于政府的农业专项基金支持不断发展壮大，美国为租赁业提供了10%的税收减免。未来政府要加大对融资租赁的税收减免，降低租赁公司的负担，通过允许设备加速折旧、实行投资税收折扣等措施，最大限度地刺激农村租赁市场的发展[116]。此外要建立农业融资租赁基金，为租赁公司提供持续支持。

本章小结

本章对金融支持体系中金融产品与服务创新支持新型农业经营主体展开研究——主要从金融信贷、农村土地金融、供应链金融、直接融资、互联网金融、融资租赁等方面的金融产品和服务方式创新发展进行研究。研究指出，新型农业经营主体金融产品与服务创新的着力点应在金融机构合理信贷、深化农村土地经营权抵押、发展农业供应链金融、扩大股票债券等直接融资市场、充分利用互联网金融工具、农业融资租赁市场等金融产品和服务方式上创新发展，以适应和满足新型农业经营主体的金融需求。

第六章　健全新型农业经营主体信贷风险补偿机制

信贷风险补偿机制是构建和完善新型农业经营主体金融支持体系的重要组成部分。新型农业经营主体在经营发展中面临生产、市场等多种风险，这种风险使得金融机构不愿将资金贷给新型农业经营主体，而信贷风险补偿机制能较好地解决这一矛盾。农业保险体系、农业担保体系的构建以及"信贷+保险"的模式创新能够有效降低金融组织在提供金融信贷支持时面临的风险，从而加大对新型农业经营主体的信贷金融支持。

第一节　构建信贷风险补偿机制的重要性和必要性

一、防范农业生产经营高风险的必然要求

农业具有弱质性，农业生产经营活动极易遭受风险。新型农业经营主体面临的风险主要包括几个方面。一是自然风险。常见的农业自然风险包括农业气象灾害、病害和虫害等。我国地大物博，农业自然灾害多发，具有种类多、频率高、覆盖广、损害强等特征，且随着自然气候条件的不断变化，我国农业自然灾害的发生呈现出更加多样化的特征。二是市场风险。由于新型农业经营主体自身素质不高，市场意识和竞争意识不强，当存在信息不对称时，极容易遭受农产品供需失衡带来的价格波动风险。新型农业经营主体由于缺乏对市场行情变化的了解，对潜在的风险预估不足，往往无法随市场变化迅速做出调整，从而出现农产品过剩、价格下跌等市场风险。同自然风险相比，新型农业经营主体对市场风险更加关注。频繁的价格波动对新型农业经营主体的收入具有很

大的影响。订单农业作为降低市场风险的一种有效手段，自其产生以来，就对降低农民遭受的市场风险产生了积极影响。与此同时，由于新型农业经营主体法律意识普遍淡薄，订单农业存在高认可度和低履约率的特点，全国订单农业的履约率仅为20%左右[117]。三是高成本低收益风险。新型农业经营主体生产的规模化、专业化、机械化，直接决定了其生产成本较高，主要体现为土地流转租金高、劳动力使用成本高、各种农业生产资料价格高且不断上涨。从收益看，农产品的市场价格并未随着生产成本的上升而上涨，这将导致新型农业经营主体农业收益下降。四是资金不足的风险。从统计数据看，在影响我国新型农业经营主体发展的各种制约因素中，资金是最重要的影响因素之一。规模化、专业化、机械化的生产经营模式需要更多的资金投入。由于新型农业经营主体自身可供抵押和担保的东西较少，所以在新型农业经营主体的金融需求方面长期存在"融资难、融资贵"等问题，资金需求长期难以得到满足。五是社会风险。这主要体现在行政干预产生的风险，在新型农业经营主体发展过程中，地方政府为了追求政绩对其强力推进，可能产生对新型农业经营主体的越位干预。由于政府对当地实际情况和市场情况调查研究不足，盲目地通过行政手段安排农业生产活动，最终造成农业生产损失。例如部分地方政府为了追求政绩，对新型农业经营主体的发展持"短、平、快"态度，通过利用各种资金支持个别新型农业经营主体作为领导参观示范点，这种不符合市场发展规律的行为最终将为新型农业经营主体带来损失。六是社会保障风险。新型农业经营主体是新型职业农民，他们不同于传统意义上的个体农户，他们追求更高的社会保障，但现有的农村社会保障体系不能满足和吸引新型农业经营主体。

综合来看，农业风险具有以下几个特点：一是农业风险种类多样性。根据农业风险种类分析，可以看出农业风险具有多样化特点，而且不同类型的农业风险之间可能存在叠加。在不同类型的农业风险中，自然风险和市场风险是对农业生产影响最大的农业风险。此外农业风险的多样性还体现在不同地区农业风险存在差异性。二是农业风险的区域差异性。农业风险具有十分明显的地域差异性，受当地的气候、地形、市场、技术等因素的影响，所处区域不同，农业风险也存在较大差异。如我国北方地区农业生产活动更容易遭受旱灾，南方地区更容易遭受水灾，东部沿海地区容易受到台风灾害等。同时，同一种灾害在不同地区也呈现出差异性。三是农业风险的叠加性。农业风险的叠加性表现在一种农业灾害发生时，往往伴随或者引发其他灾害的发生。如暴雨容易导致山体滑坡和泥石流，从而加大农业遭受的损失。此外，不同季节各地可能遭受不同的自然灾害。四是农业风险的分散性。在我国家庭联产承包责任制下，单个小农的农业生产模式，每个农民遭受的农业风险在种类、大小等方面千差万别，难以制定统一的衡量标准，直接影响农业保险统一标准的制定。

二、适应新型主体生产经营特点的必然要求

同个体农户相比，新型农业经营主体的生产经营特点决定了其对信贷风险补偿机制的需求。这主要体现在以下两个方面。

一是新型农业经营主体更容易遭受风险。新型农业经营主体生产规模较大，在遭受自然灾害、市场风险时损失更大。这种特点决定了构建新型农业经营主体信贷风险补偿机制的重要意义和必要性。一般来说，个体农户生产经营规模较小，在遭受风险后可以通过自有资金来弥补，或者通过赊销、民间借贷等方式解决，不会造成难以弥补的损失。而新型农业经营主体的生产经营特点决定了其风险的叠加性、综合性、复杂性，其一旦遭受风险就容易形成规模效应。此外，由于新型农业经营主体投资较大，其投资成本需要分年度回收，新型农业经营主体在遭受风险后，既需要确保投资成本的回收，又需要应对风险造成的损失，迫切需要信贷风险补偿机制来降低新型农业经营主体的风险成本。

二是新型农业经营主体对信贷风险补偿体系更易接受。新型农业经营主体同个体农户相比，受教育程度更高，更年轻，更容易接受新生事物。虽然我国农业保险已经实施多年，但从推广效果来看，个体农户对农业保险的接受程度仍然较低。他们认为农业保险的保障能力较低、农业风险具有不确定性，如果未发生风险，其缴纳的保费将无法发挥作用，所以对农业保险持观望、怀疑态度。新型农业经营主体由于更容易遭受风险，且自身难以对风险进行补偿，所以对信贷风险补偿机制更容易接受，对农业保险有更高的需求和意愿。

三、完善我国现有农业保险体系的必然要求

虽然我国从 2007 年就开始探索农业保险，但是目前农业保险的保障对象主要是个体农户，较为分散。加之，我国目前实施的主要是政策性农业保险，险种和保障水平有限，难以满足新型农业经营主体的需求。2016 年 2 月，农业部和保监会召开了"保险服务现代化农业"的座谈会，提出要尽快构建以需求为导向的农业保险，提高农业保险的保障水平，为新型农业经营主体做大做强保驾护航。会议提出农业保险要加大产品和服务创新力度，增强农户参保意识[118]。经中央全面深化改革委员会第八次会议审议同意，2019 年 10 月 12 日正式印发《关于加快农业保险高质量发展的指导意见》，明确提出按照适应

世贸组织规则、保护农民利益、支持农业发展和"扩面、增品、提标"的要求，进一步完善农业保险政策，提高农业保险服务能力，优化农业保险运行机制，推动农业保险高质量发展，更好地满足"三农"领域日益增长的风险保障需求。

构建新型农业经营主体信贷风险补偿体系对探索和完善我国农业保险体系具有重要意义。目前我国农业保险的投保主体还是个体农户，由于面对众多的农业散户，保险公司的管理成本较高。同时，个体农户素质普遍不高，保险公司面临着较严重的道德风险，个体农户容易产生逆向选择。此外，个体农户处于单打独斗状况，使得保险公司经常出现理赔不到位的问题。新型农业经营主体由于生产规模较大、数量较少、素质较高，与保险公司的沟通成本较低，更便于保险公司的管理，有利于规范农业保险市场秩序。同个体农户相比，新型农业经营主体对农业保险的发展提出了新的要求，如生产规模扩大和专业化程度提高要求加大农业保险额度，这也为农业保险更好服务农业发展提供了新的机会。

第二节　构建和完善农业保险体系

一、扩大农业保险覆盖面

按照《中共中央　国务院关于坚持农业农村优先发展做好"三农"工作的若干意见》，要推进稻谷、小麦、玉米完全成本保险和收入保险试点。新型农业经营主体面临的农业风险呈现复杂化、多样化等特点，不同地区、不同规模新型农业经营主体对农业保险的需求不同。保险公司要根据这一实际情况，结合区域特点、产业特点、经营特点，围绕服务农业现代化的目标，创新产品服务形式、服务方式以及服务网络。保险公司要将新型农业经营主体同个体农户区分开，将新型农业经营主体作为开发农业保险险种的重要实践主体。新型农业经营主体在生产经营过程中不断产生新的农业保险需求，对农业保险产品创新提出了新要求。

结合新型农业经营主体对基础设施、人身保障、农房等的需要，创新开发农业基础设施保险、新型农业经营主体人身保险等险种。针对由价格波动导致的市场风险，保险公司应当创新推出农产品价格保险，由保险公司对农产品价格波动给新型农业经营主体造成的损失给予补偿，减少新型农业经营主体的损失。针对销售环节可能出现的风险，保险公司可创新发展农产品订单履约保证保险、农产品食品安全责任保险和农产品电子商务保险等，切实降低新型农业经营主体在销售环节的风险。针对新型农业经营主体的规模化生产特点，创新开发农机装备保险；为适应新型农业经营主体新的需要，还应创新开发针对新型农业经营主体的养老、医疗、意外等保险险种，以保证新型农业经营主体的健康发展。

二、健全农业保险大灾风险分散机制

由于农业风险的多样性、叠加性以及农业生产活动的弱质性，一个极端的灾害事件往往会给农业生产带来毁灭性打击，给农业带来巨大损失。对新型农业经营主体来说，农业巨灾具有更加深远的影响。从国外农业保险巨灾风险管理看，较为发达的国家都倾向于利用高保障的保险产品为农户提供保障，一方面减少农户遭受巨灾后的损失，另一方面也可减轻农户遭受巨灾后政府的财政负担。为实现农户、保险公司的双赢，国家为农业保险公司提供了充足的再保险，确保不会影响保险公司的正常运营。从国内实践看，我国是农业大国，各地实际情况差异较大。以北京和上海为例，政府通过预留出专项资金来帮助保险公司完善农业巨灾保险风险分散机制，效果较好。黑龙江试点的指数保险方式也初见成效。具体来说，新型农业经营主体的农业保险巨灾风险分散制度可以从以下几个方面着手。

（一）继续完善财政支持的农业保险巨灾风险分散机制

《农业保险条例》提出我国将建立农业保险大灾风险分散机制，政府为农业保险公司开发农业巨灾保险提供强力支持。首先，政府可为新型农业经营主体提供保费补贴，减轻其保费压力，提高购买农业巨灾保险的积极性。其次，政府可以为农业保险公司提供赔付金贷款。由于承保的主体是新型农业经营主体，一般规模较大，一旦遭受巨灾，保险公司将面临巨大的损失。为减轻农业保险公司的负担，应积极探索政策性农业保险贷款。当发生农业巨灾而农业保险公司无法提供赔付时，政府可为农业保险公司提供贷款，为新型农业经营主体提供赔付，而贷款的偿还主要依据保险公司未来的保费收入来解决，从而保证农业保险公司的正常运营。最后，按照《农业保险条例》的要求，应尽快制订中央农业保险大灾风险分散方案和升级大灾风险分散意见，实现中央与地方大灾风险分散制度的有机衔接。

（二）严格按照规定计提农业大灾风险准备金

按照 2013 年财政部出台的《农业保险大灾风险准备金管理办法》（以下

简称《办法》），农业保险公司要严格按照规定计提农业大灾风险准备金，严格风险准备金的计提和使用。同 2008 年《中央财政种植业保险保费补贴管理办法》相比，此次出台的《办法》规定了农业大灾风险准备金的集体范围从原来的只针对种植业扩大到养殖业、种植业、森林业。同时在计提保费准备金的基础上，增加了按照限定条件计提利润准备金，明确了保费准备金和利润准备金计提的主体，细化和调整了计提比例[119]。按照新出台的《办法》，农业保险大灾风险准备金＝各机构按险种分类计提的农业大灾风险保费准备金+总部计提的农业大灾风险利润准备金。一旦发生农业大灾，并且达到了准备金使用标准，保险公司就可以按规定使用大灾风险准备金，从而弥补农业巨灾造成的各种损失。所以说，计提农业大灾风险准备金有利于建立应对农业大灾风险的长效机制。在操作过程中，由于农业保险公司每年都需要按比例提取保费准备金，而且只有在准备金余额达到当年农业保险自留保费额时才能暂停计提，一般难以达到上限。所以当农业风险较小或者没有发生农业风险时，保险机构通过计提准备金的方式来提高自身应对农业大灾的能力。

（三）对高风险农业保险进行再保险

保险公司应积极探索与国内国外的再保险公司建立农业巨灾风险再保险制度，对再保险的分摊比例进行合理商定。2014 年成立的中国农业保险再保险共同体（简称"农共体"），目前成员数量已经扩充为 32 家成员公司和 5 家观察员公司，承保能力已经从成立初期的 2 600 亿元增加到 3 600 亿元。经过实践检验，农共体对我国农业保险的发展起到了重要作用，是我国农业遭受农业巨灾后重要的资金来源。按照 2017 年政府工作报告，我国将在 13 个粮食主产省份开展适度规模经营主体大灾保险试点，农共体将在其中发挥积极的作用。下一步要继续发挥农共体在我国农业巨灾风险分散制度中的作用，积极探索与国外大规模保险公司开展再保险合作，提高农业巨灾风险的保障能力。

三、加大农业保险扶持力度

在农业现代化过程中，农业保险发挥着重要作用，农业保险是转移农业生产经营活动中发生的灾害和保障农业发展的重要手段。农业保险也是我国中央和地方政府对农业和农村经济补偿系统的重要组成部分[120]。

目前，农业保险从实施主体上可分为商业性农业保险和政策性农业保险两类。商业性农业保险是指商业性金融机构经营的农业保险。与政策性保险相比，商业性保险的保额较大，不具有强制性，被保险人自行决定是否购买商业性保险。由于农业生产活动的风险性，商业性保险机构在开发农业保险产品上较为审慎，且农业遭受风险后的赔付程序较复杂，赔付额度较低，存在显著的市场失灵。政策性农业保险是由政府设立或者委托专门的公司设立的，相对于商业性农业保险，政策性农业保险的保障措施更为完善，赔付额度更高，是对商业性农业保险的有益补充，分散了商业性农业保险由于市场失灵可能产生的风险。

自2007年中央实行保费补贴政策以来，我国农业保险发展步入了快车道，在产品创新、覆盖面等方面实现了较大的突破。新型农业经营主体作为我国农业现代化的主力军，由于生产周期长、规模大，更需要农业保险来为自身农业生产活动提供保障，这也使得新型农业经营主体成为推动我国农业保险发展的重要力量。同个体农户相比，新型农业经营主体由于受教育程度更高，对新事物的接受能力更强，加之其生产规模较大，也更愿意通过农业保险的形式分散农业风险。

基于此，在我国农业保险体系建设过程中，财政应在其中发挥重要作用。具体来说，政府可以通过财政和税收两方面对农业保险的发展给予支持。

（一）尽快指导各地确定农业保险经营模式

我国《农业保险条例》仅仅从宏观上对农业保险的合同、经营规则、法律责任进行了总体规定，要求各省、自治区、直辖市人民政府可确定适合本地区实际的农业保险经营模式。这主要是由我国农业生产和农业风险的区域差异决定的。但是从实践来看，各地落实情况不一，有的省份对农业保险比较重视，当地的农业保险发展情况较好，但是更多的地方对《农业保险条例》缺乏认识和了解，未结合本地实际情况制订当地的农业保险实施方案。因此，国家应尽快指导各地制订适合当地的农业保险经营方案，对新型农业经营主体农业保险从制度、法规上予以明确。

在实际制订过程中，要体现以下原则：一是统一性原则。这是指各地制订的农业保险实施方案在总体方向上必须与《农业保险条例》相统一，不能违背《农业保险条例》规定内容，特别是对法律责任和经营规则的界定。二是差异性原则。国家出台的《农业保险条例》仅仅从宏观上对我国农业保险进行了界定，在实际操作过程中，各地存在较大的差异性，如南北方在种植物的种类上，不同地形地貌对种植结构会产生不同影响，因此各地在制订过程中必须认真研究当地的实际情况，体现区域差异性。三是政府主导原则。目前未出台农业保险实施方案的地区，其政府对农业保险的认识高度不够，认为农业是弱势产业，农业保险的投资回报率较低，对当地的带动作用小，且需要政府投入大量的财政资金，会对财政造成很大压力。在发展农业保险过程中，政府必须发挥主导、引导作用，积极引导保险公司和新型农业经营主体开展农业保险的相关工作。

（二）加大对农业保险的财政支持力度

财政支持是政策性农业保险的重要内容。从国外农业保险发展的实践看，农业保险发展需要政府大力支持。美国在农业保险发展的最初阶段，也以政策性保险为主，同时也为农业保险提供再保险和补贴。对再保险的承保责任，政府根据遭受风险的大小不同，承包责任从50%到100%不等。为水稻、小麦和牛马分别提供了58%、68%和50%的保费补贴。此外，美国政府通过立法为农业保险提供法律依据，保证了农业保险的大力推行。日本政府虽然没有直接参与和提供农业保险，但通过各种手段为农业保险的发展营造了良好的环境，提供了诸多政策支持。

虽然我国政府对农业保险已经给予了极大的财政支持，对扩大保险覆盖面、提高保险标的发挥了重要作用，但在实践中仍然存在财政支持无法满足新型农业经营主体需求的情况。要进一步发挥农业保险的保障作用必须做到：第一，进一步加大对农业保险的保障额度。在"粮仓"吉林省，1亩玉米的保险金额仅为267元，由于政府财政补贴额度较低，保险公司缺乏提高保险金额的积极性，影响了新型农业经营主体的投保积极性[121]。同时，中央、省、市、县联动政策在执行中受到地方财政实力的制约。在实践中表现为地方财政薄弱，当地的农业保险参保率低，需要继续加大中央对农业保险的支持力度。一方面降低新型农业经营主体购买农业保险的门槛，提高农业保险的购买率；另一方面激发保险公司开发农业保险的积极性。第二，扩大补贴范围。目前中央财政支持的保险补贴范围非常有限，由于不同区域经济作物的重要性不同，对某些区域具有重要意义的水果、蔬菜等无法纳入农业保险补贴范围，造成了中央层面和地方实践层面的脱节，必须更加注重地方实践。具体来说，各地要结合自身实际情况，将对当地具有重要意义的和新型农业经营主体主要种植和养殖的农产品纳入农业保险范围。第三，加大对保险公司的支持力度。由于农业保险风险大、管理难、成本高，保险公司开发农业保险产品和服务的积极性不高。因此，各级财政要进一步加大对农业保险公司的补贴力度，继续完善政府支持下的商业保险公司经营制度，通过政府对保险公司的补贴来提高保险公司的积极性。

（三）加大农业保险人才的培养

农业保险产品和服务的开发，归根到底是由农业保险人才决定的。我国农业保险的快速发展，需要大量专业的农业保险人才。这部分人才既需要精通保险方面的专业知识，也需要掌握丰富的农业知识。从目前我国农业保险人才的素质看，多数农业保险从业人员具备一定的保险知识，但是对农业知识缺乏，无法开发体现农业特色的农业保险产品。我国农业保险人才短缺，保险从业人员的重要性还没有得到体现，同时农业保险产品开发难的根源问题是我国缺乏足够的农业保险精算师。目前我国的精算师多数从事人寿保险，而从事财产保险类的精算师相对较少，其中从事农业保险的精算师更少，远远满足不了我国当前新型农业经营主体对农业保险的需求。因此，要加大保险从业人员，特别是保险精算师的培养力度，为我国新型农业经营主体农业保险的发展提供人才支撑。具体来说，可以从以下两个方面着手。

第一，在高校开设农业保险专业，满足农业保险的专业性要求。目前，我国许多高校开设了保险专业，但开设农业保险这类特定险种专业的较少，因此高校应该根据社会实际需求开设农业保险课程，既体现保险的原则性，又体现农业保险的特殊性。农业保险专业应统筹农学、林学、种养殖专业、气象等方面的教学资源，提高高校学生对农业保险的认识。

第二，建立高校和农业保险公司联合培养人才模式。在实践中，农业保险公司更注重操作性、实践性、实务性，而高校更注重职业性、理论性，应将二者结合起来，实现高校与公司共同培养。高校应该广泛吸收农业保险公司从业人员到学校担任教师，承担教学任务；农业保险公司应该为高校提供实践机会，培养高校学生的实践操作能力，从而更好地理解农业保险市场。

（四）合理划分农业保险价格和风险

农业风险区间合理划分和农业保险价格合理界定是农业保险的基础。从国外的实践看，国外政策性农业保险的价格体系主要由代表公众利益的政府专门机构制定，价格的调整也是由这类机构完成的（在美国，是政府所有的"农作物保险公司"和农业部"风险管理局"，近十年来，在市场化改革之后，政府委托"美国雹灾保险协会"厘定）。国家要指定专门的政府机构对农业风险做出划分，并合理制定农业保险费率，以便指导保险公司进行实际运作。

四、加强农业保险运行监管

（一）加强对农业保险公司的监管

虽然我国农业保险已经发展了多年，农业保险覆盖范围大、服务能力强，对新型农业经营主体的保险支持功能也得到了极大的体现，但在实际中也存在保险公司不严格执行条款费率、骗取国家财政补贴、对新型农业经营主体遭受的农业风险不予理赔等问题。造成这些问题的原因一部分是新型农业经营主体信用体系建设滞后和法律法规意识淡薄，但更重要的原因是保险公司利用自身对保险信息掌握的优势，在执行保险合同中与新型农业经营主体处于不对等地位，在保险合同上存在虚构或者违规条款，在保险赔付时以封顶赔付、少赔付、拖延赔付、拒绝赔付等手段损害了新型农业经营主体的利益。此外，保险公司还通过伪造保险合同、虚报保险数量、扩大农业风险程度等方式骗取国家补贴。因此，必须加大对保险公司的监管力度，督促保险公司按照《农业保险条例》的要求和监管机构的要求，进一步提高自身合法合规经营的意识。同时，监管机构要对保险公司加强监管，通过现场监管、信息监管等方式加大监管力度，对发现的问题要依法从严处理，对损害新型农业经营主体利益的保险公司要依法追责，并对新型农业经营主体的损失给予赔偿。

（二）加大农业保险运营中政府职能的监管

我国实行的是政策性农业保险，政府在农业保险政策的制定、执行中具有重要地位。但是《农业保险条例》对政府在农业保险中的权力范围并没有进行明确界定，"监管真空"的存在为腐败行为产生提供了可能。因此，地方政府必须增强法治理念，正确界定政府与保险公司的职能职责，明确政府在农业保险中的权力界限，杜绝腐败行为的发生。

（三）加大对新型农业经营主体的监管

保险合同执行过程中会产生各种问题，除了保险公司有责任外，新型农业经营主体也有其自身的原因。由于知识结构老化、法律法规意识淡薄、风险意识缺乏等问题，新型农业经营主体在执行保险合同时存在主观意愿造成农业损失的情况，因此要加强宣传教育，增强新型农业经营主体的法律意识。

第三节 健全农业信贷担保体系

2015 年，财政部、农业部联合印发了《关于调整完善农业三项补贴政策的指导意见》，后来财政部、农业部、银监会印发了《关于财政支持建立农业信贷担保体系的指导意见》，指出要以建立健全省级（自治区、直辖市、计划单列市，以下简称省）农业信贷担保体系为重点，逐步建成覆盖粮食主产区及主要农业大县的农业信贷担保网络，推动形成覆盖全国的政策性农业信贷担保体系，为农业尤其是粮食适度规模经营的新型农业经营主体提供信贷担保服务，切实解决农业发展中的融资难、融资贵问题，支持新型农业经营主体做大做强，促进粮食稳定发展和现代农业建设[122]。全国农业信贷担保体系主要由国家、省级和市县三级农业信贷担保机构组成。建立由财政支持、政策性和专业性比较突出的农业信贷担保体系对我国实施乡村振兴战略具有重要意义。农业信贷担保体系可以发挥政策性担保的信用优势，为新型农业经营主体融资提供担保，提高金融机构发放贷款的积极性。同时，政策性担保体系将市场机制和政府支持有机结合起来，既能充分发挥市场在配置资源中的决定性作用，又能较好地实现政府对农业的支持和保护。

2016 年，国家农业信贷担保联盟有限责任公司及 33 家省级农业信贷担保公司组成的全国农业信贷担保体系（以下简称"全国农担体系"）正式建立。作为目前全国唯一的政策性农业信贷担保体系，全国农担体系是一个专注支持农业、专门培育新型农业经营主体、不以营利为目的的具有"财政-金融""政府市场"属性特征的政策性担保工具。同时成立了全国农业信贷担保工作指导委员会，对各地省级农业信贷担保机构的组建和运行提供指导。截至 2020 年年末，全国 33 家省级农业信贷担保公司直接为新型农业经营主体提供信贷担保服务，下设 533 家市县级自有分支机构，合作设立业务网点 715 家，形成了一支 3 000 多人的农业信贷担保队伍，成为影响农村金融供给格局的重要新生力量。成立以来，已累计为 74 万户新型农业经营主体提供信贷担保 2 540 亿元[123]。

一、建立以财政支持为主的担保体系

《关于财政支持建立农业信贷担保体系的指导意见》明确了农业信贷担保体系的政策性属性。但是从各地的实际情况看，财政的支持力度仍然十分有限，这极大地影响了农业信贷担保公司的支持力度，进而影响了新型农业经营主体通过担保获得的信贷支持规模，亟须进一步加大财政支持力度。资本金应更多地依靠财政投入，对社会资本的投入要持审慎态度，避免社会资本进入后由于其逐利性，违背农业信贷担保体系建立的初衷。针对这一问题，可通过合理设置考核业务指标，如担保数量、担保金额等，减少或者弱化其盈利性方面的指标考核。同时，在业务上坚持服务农业方向，突出对新型农业经营主体的服务。要坚持农业信贷担保体系的独立运营原则，农业信贷担保体系是独立的法人机构，其财务管理、人员管理等方面都必须是独立的，是作为一个独立的市场主体参与市场活动的，应承担相应的社会风险。

要制定出台加快农业信贷担保体系发展的相关配套政策，如简化抵押担保程序、降低费用等，切实减轻新型农业经营主体的经济负担；进一步加强对农村宅基地、农村土地经营权等的确权、颁证、流转工作；进一步优化金融生态环境，加强社会信用体系建设，对恶意违约的新型农业经营主体，提高其不良信用等级和违约成本。

二、建立农业信贷担保风险防范机制

农业信贷担保体系作为一个独立的市场法人，面临着各种各样的市场风险，必须重视和加强风险防范。要加强风险内控制度建设，明确主体责任，识别风险点，建立健全防范机制。农业信贷担保机构在运营中要设置一定的担保上限，根据新型农业经营主体和农业生产活动的实际情况，对新型农业经营主体的偿贷能力、信用状况、生产经营等进行审慎甄别，将风险化解在源头。同时要对接新型农业经营主体的信用信息数据库，通过信息共享提高决策的科学性。为此，要加强人才队伍建设，引进专业的管理人员，做好农业信贷担保体系的经营管理和内控工作。

第四节　创新完善"保险+期货"等风险分担模式

期货市场是新型农业经营主体金融市场的重要组成部分，"金融+保险"的创新，能够将农业保险引入金融市场，进一步降低农业保险的风险。从降低农业风险的角度来说，二者具有协同的共同目标。农业保险主要通过一定的手段降低农业可能遭受的灾害，特别是自然灾害的影响；农业期货市场主要通过将农产品引入期货市场，减少农产品可能由于价格波动而遭受的市场风险。所以"保险+期货"的创新，能够发挥各自的优势，提高二者的总体效率。

"保险+期货"在2015年由期货公司和保险公司首创。2015年大连商品交易所在前期大豆等农产品期权试点成功的基础上，进一步总结经验，创新开发了"保险+期货"的金融产品。这种新的金融产品的创新思路是：第一步，保险公司根据期货市场上农产品的期货价格，确定农产品价格险；第二步，农民或农业企业购买保险公司开发的价格险，确保农民或企业不会受到农产品市场价格变动的影响，确保其收益；第三步，保险公司为了降低农产品价格下降可能给自身带来的风险，再次通过购买期货公司风险管理子公司的场外期权产品对农产品价格险进行再次投保；第四步，由专业的经理人操作，风险管理子公司在期货交易所进行套期保值操作，进一步降低自身可能遭受的风险。可以说，通过"保险+期货"的实施，各主体都降低了自身的潜在风险，实现了共赢[124]。自2015年试点以来，"保险+期货"逐步扩大了试点范围，并得到了中央的肯定，此后"保险+期货"试点范围不断扩大，有效分散了银行、保险公司、新型农业经营主体等各自的风险。自 2015 年首例"保险+期货"的农产品价格保险诞生以来，我国在"保险+期货"创新方面已经开展诸多探索。以郑州商品交易所为例，2018 年该所共开展超过 40 个试点项目。

一、完善财政参与的风险分担补偿机制

目前"保险+期货"还处于试点和探索阶段，各主体对其认识还不够深入，政府应该加大扶持和引导力度。具体做法如下：一是政府要积极稳妥地扩大试点范围，鼓励增加试点产品种类。在试点已经取得成效的地区，要进一步增加试点农产品的品种；在试点地区取得经验的基础上，进一步复制推广。政府要加大财政投入力度，对开展"保险+期货"探索的机构要给予一定形式的奖励。二是加大对新型农业经营主体的引导力度。"保险+期货"与传统的单一的期货产品，或者单一的保险产品相比具有更大优势，能够为保险公司提供风险对冲渠道，降低保险公司服务新型农业经营主体的风险。政府可以通过提供补贴的方式降低保费，从而提高新型农业经营主体购买农业保险的积极性。政府要鼓励农村信用社等农村金融机构代办保险业务，做好对新型农业经营主体的宣传和培训工作，提高他们对"保险+期货"产品的认可度。三是做好农业保险公司的引导工作。鼓励农业保险公司依靠自身的资金优势和风险管理优势，针对新型农业经营主体发展过程中普遍存在的缺乏信贷担保问题，创新信贷保证保险、农业保单抵押、农资抵押等，为新型农业经营主体拓宽抵押和担保方式，提高融资能力。四是尽快完善相关法律法规。法律法规是保证"保险+期货"金融产品创新的重要因素，能保护各方的利益，维护市场有序运行，严格控制和监督可能产生的风险，从而为该模式探索提供稳定的外部环境。

二、创新发展农业风险补偿产品

继续扩大"保险+期货"的试点范围和产品种类，在实践基础上不断总结经验和教训，满足新型农业经营主体更多样化的需求，进一步加大产品创新力度。2018 年中央一号文件指出：要深入推进农产品期货期权市场建设，稳步扩大试点范围，创新试点产品。在实践中"保险+期货"试点已经开始引进订单农业、小额贷款等，但是推行起来较困难，其中一个非常重要的原因是涉及各方主体利益的协同。"保险+期货"产品的创新涉及不同的金融机构，需要各方加强协作，统筹兼顾各方需求。

建立完善以政府为主导的信贷风险补偿基金。建立和完善农村产业抵押融资风险补偿专项资金池机制，按照年度地方财政支农预算支出的 2%～3% 的比例计提，用于农村产权抵押贷款融资的风险补偿以及不良产权资产处置管理机构的风险补助；建立绩效激励机制，对有效分担风险的机制给予适当的财政资金奖励。同时，财政部门应安排一定比例的利息补贴和减免涉农信贷业务税费，以降低贷款门槛。对由自然灾害等不可抗拒因素造成的贷款损失，国家财政应给予相应补偿。建立政府主导的农业信贷担保基金，当新型农业经营主体缺乏有效抵押物而又亟须获得贷款融资时，需要建立有效的农业信用担保机制，以分担农业金融机构面临的信用风险。

三、健全期货风险防控机制

虽然在"期货+保险"方面我国已经开展大量的探索和实践，但从实际效果看，赔付率过高是其中一个客观存在的现象和问题。农产品价格波动频繁，理赔的理论概率高，可能会导致保险公司和期货公司承担较大的风险。以郑州商品交易所为例，截至 2019 年 1 月 2 日，11 个保险项目到期均产生赔付，整体赔付率高达 106.54%。赔付率过高虽能够保证农户的利益，但也反映出我国目前在市场分析与市场研判方面还存在较大的提升空间。通过风险对冲方式的调整可实现风险降低。我国保险公司采取的风险对冲方式是购买期货公司子公司的场外看跌期权，再由期货公司子公司在期货市场上进一步转移风险[125]。所以，期货公司必须重视提高自身的风险管控能力，加强统计分析，对期货市场价格进行科学预测，减少可能遭受的价格波动风险。

本章小结

本章主要内容是构建新型农业经营主体金融支持中的信贷风险补偿体系。农业经营主体在经营发展中面临着各类风险，金融机构出于谨慎和风险防范考虑，不会积极开展金融支持业务，使得构建信贷风险补偿机制的重要性和必要性十分突出。构建信贷风险补偿机制的重要内容，即建立农业保险体系的大灾风险分散机制，需要财政予以大力支持和补贴，同时要加强其运行监管。政府还应发挥引导作用，加快完善风险担保体系建设和创新"保险+期货"模式。

第七章 新型农业经营主体金融支持配套政策支撑体系

新型农业经营主体金融支持体系的创新与构建，是一项较为复杂的系统性工程，既包括金融组织体系的优化完善，还包括金融支持产品与服务方式的创新发展和金融信贷风险补偿机制构建等，需要政府政策的引导与扶持、法律法规的制度保障、农村金融市场和金融生态环境的持续改善、社会化服务组织的蓬勃发展，还需要完善诸多为之配套的服务体系。

第一节 加大政府政策扶持和金融监管力度

农业生产经营的特殊性决定了农业金融体系的构建需要政府的介入和支持。从国外实践看，政府扶持农业金融机构的方式主要有税收减免、注入资金、贴息、补贴、担保、差别利率和存款准备金等。以法国为例，对关系国家发展的重大项目，政府都列入重点支持清单，要求法国农业银行给予贷款支持。法国农业银行通过提供信贷、低息等方式给予农户金融支持[126]。美国农业互助保险的发展也得益于政府的大力扶持，政府向农民提供大量的保险补贴，为保险公司提供税收优惠政策。这一方面降低了农民的保险负担，保证农业正常发展；另一方面也能够保证互助保险机构的正常运营。此外，法国在19世纪就颁布了《土地银行法》，以立法的形式要求信贷机构为农业发展提供金融支持。

德国政府为农业金融发展提供了大量的支持，在合作金融发展过程中通过立法、信贷、资金支持等各种方式保障合作金融组织的利益。为了保证合作金融的依法经营，通过了《合作社法》，规定将促进合作制和支持合作自助作为优先目标。为了保证合作金融的正常发展，德国政府对合作金融提供利息补贴，减少其存款准备金，保证合作金融机构能够向农民提供低息贷款。德国政府每年从财政拨出专项经费支持合作金融组织的发展。新成立的农业合作社5年内可享受创业资助，7年内可享受投资资助。同时，规定合作社免交所得税、营业税、车辆税、法人税等，从而为合作金融发展提供良好的外部环境。

日本政府对农业发展直接提供资金，为农业发展提供了强有力的支持，属于典型的"政府主导型"金融体系。日本基层农协的存款利率比其他银行要高，而贷款利率却比其他贷款更加优惠，通过为基层农协提供贷款贴息的方式保证其正常经营。

一、健全金融支农领导组织

从我国实际情况看，目前国内涉及农村金融管理和服务的机构主要有国务院农村金融体制改革部协调小组。国务院农村金融体制改革部协调小组于1996年成立，主要由中国人民银行、中国农业银行、中国农业发展银行、农信社等机构组成，其主要职能职责是承担我国农村金融体制改革的相关工作，研究制定我国农村金融体制改革的相关办法、计划等，同时调解改革过程中可能出现的利益纠纷，及时总结我国农村金融体制改革中的成功经验等。此外，各地在实践中还探索成立了各种金融服务领导小组、金融工作领导小组等，如成都市为了推进金融服务综合改革，成立了农村金融服务综合改革试点工作领导小组，全面负责农村金融服务综合改革试点工作。

由于国务院农村金融体制改革部协调小组更侧重金融改革，在政府扶持和金融监管方面难以发挥作用。同时，由于其成立时间较久远，难以适应当前发展变化，所以，要使三大系统发挥协同作用，需要成立专门的管理机构。统筹考虑我国目前以政策性金融机构为导向的金融组织体系，应成立专门的农村金融管理办公室或领导小组，主要成员包含中国农业发展银行、中国农业银行、农村信用社、邮政储蓄银行、各类商业银行、新型农村金融机构以及农业保险管理机构。该机构的主要职责是贯彻执行上级管理机构关于农村金融市场建设、改革、完善的相关政策文件；制定我国农村金融支持体系的年度计划、年度目标、发展规划等，在每年的工作计划和目标中要明确不同类型金融机构支持新型农业经营主体的重点、目标等；积极引导各类金融机构和保险机构加大对农村，特别是新型农业经营主体的服务力度，通过财政、税收、货币等政策，加大对金融机构的支持和引导力度，提高金融机构和保险机构服务新型农业经营主体的积极性；对我国农村金融，特别是新型农业经营主体金融支持体系建立和完善过程中出现的重大问题进行及时研究、及时解决。对成功的经验及时进行总结并适时进行更大范围的推广和复制。对实践中出现风险的做法要及时总结教训，避免进一步扩大；加大对新型农业经营主体、金融机构的监管力度，防范化解可能存在的金融风险；探索建立新型农业经营主体信用体系、统计制度等，为新时期做好新型农业经营主体相关工作提供保障。

农村金融管理办公室或领导小组要建立定期联席会议制度，每季度或每半年组织相关成员单位召开会议，沟通在构建新型农业经营主体金融支持体系中出现的新情况、新问题，对重大事项按程序议定。

二、加强货币政策支持

一是要继续发挥差别化存款准备金政策的支持作用。为提高金融机构服务"三农"的积极性，中国人民银行通过存款准备金政策，对涉农机构和涉农信贷提供较为优惠的存款准备金率。目前，对新型农业经营主体的存款准备金政策，主要按照支农的存款准备金政策执行，未单独设置更加优惠的政策。如县域农村商业银行按12%执行，农村合作银行、村镇银行等按9%执行，中国农业银行县级"三农金融事业部"执行比农业银行低2个百分点的存款准备金率，商业银行支农贷款达到一定比例可执行较同类法定水平低0.5~1个百分点的存款准备金率。新型农业经营主体作为我国现代农业的主体，应给予更大的支持。中国人民银行应对涉农机构和涉农信贷中符合条件的金融机构制定更为优惠的存款准备金率，发挥对信贷的支持和引导作用。

二是要完善新型农业经营主体再贷款和再贴现支持政策。进一步加大对支农再贷款和支小再贷款中对新型农业经营主体的支持力度。支农再贷款于1999年产生，主要通过央行向各类农村金融机构发放再贷款，提高各类金融机构发放支农贷款的积极性。目前，一年期支农再贷款利率为2.75%。支小再贷款是指发放给小型城市商业银行、农村商业银行、农村合作银行和村镇银行四类地方性法人金融机构的各类贷款。目前，支小再贷款的利率为3.25%。对信贷主体为新型农业经营主体的，要实行更加优惠的利率，引导地方法人金融机构加大对新型农业经营主体的支持。要加大对涉及新型农业经营主体支农、支小再贷款的监管力度，确保各项贷款的利率、投向，确保各项贷款全部用于支持新型农业经营主体的发展。按照要求，对涉及新型农业经营主体的票据，优先办理再贴现，并给予优惠利率。

三是以信贷政策评估带动新型农业经营主体的金融产品和金融服务创新。加强新型农业经营主体信贷政策的导向评估，将评估结果与再贷款、再贴现等政策有机结合，引导金融机构支持新型农业经营主体的发展。要鼓励金融机构创新涉及新型农业经营主体的产品和服务。如支持符合条件的金融机构发行债券，用于扶持新型农业经营主体的发展。鼓励符合条件的新型农业经营主体通过发行债券、票据等方式开展直接融资。

三、加大财政政策扶持力度

一是要完善财政奖励补贴政策。2008年开始，财政部实施了对县域金融机构涉农贷款增量奖励和农村金融机构定向费用补贴政策，并在2015年将上述资金整合并入普惠金融发展专项资金。县域金融机构涉农贷款增量奖励是指对县域金融机构涉农贷款平均余额，在核定同比增长超过13%时，财政部门按照一定的比例给予奖励。农村金融机构定向费用补贴是指对新型农村金融机构和基础金融服务薄弱地区银行业金融机构（网点），财政部按照不超过其贷款平均余额的2%给予补贴。从实施效果来看，奖励和补贴政策对调动金融机构的积极性起到了极大的作用。未来要对其中涉及新型农业经营主体的部分进行再次明确，制定更加优惠的奖励和补贴政策。针对不同的新型农业经营主体，综合运用直接补贴、政府购买服务、定向委托、以奖代补等方式，提高对新型农业经营主体的补贴力度，引导新型农业经营主体发展农产品加工、销售、流通、仓储等，实现农村一二三产业的融合发展。由于奖励和补贴是由中央和地方财政按照一定的比例分担，地方政府要确保这些奖励和补贴能够足额、按时提供给金融机构和新型农业经营主体。

二是要完善农村金融税收优惠政策。近年来国家出台了一系列税收优惠政策，调动金融机构支持"三农"、支持新型农业经营主体发展。如对金融机构发放的10万元以下的农户小额贷款的利息收入免征增值税，对符合条件的涉农金融机构适用简易计税方法，按照3%的税率计算增值税。这些优惠政策极大地减轻了金融机构的负担。下一步，要对其中涉及新型农业经营主体的部分制定更加优惠的税收政策，支持引导涉农金融机构将涉农贷款更加集中到新型农业经营主体上来，提高支持的针对性和有效性。

三是完善农村保险保费补贴政策。自2007年以来，国家实施了农业保险保费补贴政策。农业保险保费补贴一方面减轻了农户的负担，另一方面也提高了农户的投保积极性，取得了较大的成效。目前，补贴品种已经扩大到3大类15个品种，基本覆盖各大宗农产品。此外补贴范围、补贴比都逐步扩大和提高。下一步，要加快农村基层保险服务网络体系的建设，建设专业化的农业保险服务队伍，简化服务流程，提高服务标准。鼓励保险机构开发针对新型农业经营主体的保险新产品，如气象指数保险、目标价格保险、农田水利基础设施保险、"保险+期货"产品等，针对不同地区开发特色农业保险。探索创新针对新型农业经营主体的"基本型+附加险"，实现主要粮食作物保障水平覆盖地租成本和劳动力成本。扩大和提高新型农业经营主体的保险覆盖面和理赔标准。鼓励条件成熟的地方探索开展农民互助合作保险试点，创新保障形式，同时在符合条件的地区开展农业巨灾风险分散机制试点。

四、健全和完善相关法规制度

市场经济是法制经济，任何经济主体的经济行为都要受到法律法规的约束和保护。目前，我国农村金融体系的相关法律法规体系还不健全，为违法、违规行为留下了空间，也制约了农村金融的健康、可持续发展。同时，我国农村发展过程中面临的新情况、新问题，也需要通过制定与时俱进的法律法规来规范主体行为。

从国外农村金融体系发展的成功经验可以看出，为规范新型农业经营主体、金融机构、保险机构等主体的行为，国外都建立了严格的法律、法规。美国建立了一套完善的农业法律法规体系。为了加快农业的发展进程，美国制定了完善的农业保护政策，如购销差价补贴、价格补贴、农产品出口补助等。在合作金融体系建设方面，美国从 1916 年起制定了一系列法律法规，确保了合作金融机构主要职能发挥。以农业保险为例，美国为了促进农业保险发展，于1938 年颁布了《联邦农作物保险法》，积极参与农业保险，保障农民权益。1980 年为了适应美国农业发展的需要，美国对《联邦农作物保险法》进行了修订，进一步扩大了原有的保险种类和保险范围。1994 年美国再次在原有保险法基础上颁布了《美国联邦农作物保险改革法》，这一法律进一步完善了美国农业保险的地位，保证了农业保险对农业的保障有法可依。严格的法律法规，既能够约束金融机构的行为，促使其为新型农业经营主体提供充足的、成本低的金融支持，同时也能够规范新型农业经营主体的行为，降低新型农业经营主体的违约风险，间接提高金融机构金融供给的积极性。

（一）完善金融相关法律制度

现有的金融法律、法规主要包括保险法、证券法、信托法、商业银行法、证券投资基金法等，其主要内容是规范银行、证券和保险等国家金融机构，为国家金融监管部门提供相应的执法依据。2018 年全国两会期间，全国政协委员、四川省社科院法学所所长郑铌提出，解决农业发展过程中的资金短缺、融资困难等问题，必须通过顶层设计和制度设计，加快推进农村金融立法，并从加快推进农村金融立法进程、确立农村金融立法名称、明确金融立法内容和方式等方面提出了一系列建议。这对完善我国农村金融法律体系具有重要意义。一方面必须完善整个金融的相关法律法规。目前，我国还没有一部真正意义上的法律法规用以规范农村各金融主体的行为，这与我国法治社会的要求和实施乡村振兴战略的要求不相符。当前最紧迫的是要尽快出台农村金融法律法规，对金融机构、金融借贷主体的行为等进行明确界定，引导各金融主体按照法律规范行事。另一方面要对目前在农村金融市场上占重要地位的非正规金融从法律角度进行规范。目前，以民间借贷、小额贷款公司、资金互助社、新型合作金融组织等为代表的非正规金融机构是我国农村正规金融的重要补充，但由于对非正规金融的认定还停留在机构属性的认定上，以致对非正规金融的监管不到位。对此，必须出台相应的法律法规来规范非正规金融机构的运行，降低非正规金融自身建设不足、市场秩序混乱等可能引发的风险。

（二）完善保险相关法律制度

农业生产活动极易受到各种自然风险、市场风险等的影响。对于传统的农业大国，农业保险具有更加重要的意义。原保监会副主席周延礼指出，农业保险的首要任务就是要从政策特殊性、操作特殊性、风险管理特殊性和经营结果特殊性入手，加快立法工作进程[127]。在农业保险的制度建设中，农业保险法律法规建设是最为基础和核心的组成部分。农业保险立法是保证农业保险可持续发展的重要手段。通过农业保险法律法规的完善，促进我国农业保险的发展，提高农业抗风险能力，最终促进农业生产经营活动健康、可持续发展。

五、全面加强金融运行监管

党的十八大以来，党中央强调要把防控金融风险放到更加重要的位置，牢牢守住不发生系统性风险底线，采取一系列措施加强金融监管，防范和化解金融风险，维护金融安全和稳定。党的十九大报告指出，要"健全金融监管体系，守住不发生系统性金融风险的底线"。这就要求监管部门要尽快做出适应快速金融创新的制度性安排，将所有金融行为和业务纳入监管，不留政策漏洞。面对防范风险的重任，相关部门应进一步提高监管能力，加强监管协调，增强监管合力，不留任何监管真空，形成全国一盘棋的金融风险防控格局。

（一）加强金融安全监管

2017年4月25日，习近平总书记在中共中央政治局第四十次集体学习时强调："金融安全是国家安全的重要组成部分，是经济平稳健康发展的重要基础。维护金融安全，是关系我国经济社会发展全局的一件带有战略性、根本性的大事。金融活，经济活；金融稳，经济稳。"因此，我国在由金融大国向金融强国迈进中，除了继续壮大金融业实力之外，还要抓紧处置风险、完善制度，维护国家金融安全。加强金融监管对金融安全和稳定、经济稳定繁荣、金融风险防范化解至关重要。系统做好金融监管应在以下四个方面集中发力：

一是深化金融改革，完善金融体系，推进金融业公司治理改革，强化审慎合规经营理念，推动金融机构切实承担起风险管理责任，完善市场规则，健全市场化、法治化违约处置机制。

二是加强金融监管，统筹监管系统重要性金融机构，统筹监管金融控股公司和重要金融基础设施，统筹负责金融业综合统计，确保金融系统良性运转，确保管理部门把住重点环节，确保风险防控心明眼亮，形成金融发展和监管强大合力，补齐监管短板，避免监管空白。

三是采取措施处置风险点，着力控制增量，积极处置存量，打击逃废债行为，控制好杠杆率，加大对市场违法违规行为打击力度，重点针对金融市场和互联网金融开展全面摸排和查处。

四是为实体经济发展创造良好金融环境，疏通金融进入实体经济的渠道，积极规范发展多层次资本市场，扩大直接融资，加强信贷政策指引，鼓励金融机构加大对先进制造业等领域的资金支持，推进供给侧结构性改革。

（二）加强地方金融监管

当前，我国金融风险总体可控，但隐患依然不少。伴随着业务规模不断扩大、机构数量快速增长，地方金融组织的风险隐患快速积累，对风险防范和规范发展提出了更高要求。地方金融组织与银行、证券、保险业持牌金融机构一样，自身风险具有很强的外溢性和传染性。如果长期疏于监管或弱化监管，极有可能引发大的区域性、系统性金融风险。根据中央有关文件精神，地方金融监管体系是我国金融监管体系的重要组成部分，也是中央金融监管体系的必要补充，地方政府对地方金融组织负有监管职责。2019年3月以来，天津市和四川省等地方政府先后颁布实施了《天津市地方金融监督管理条例》与《四川省地方金融监督管理条例》。目前，多地已经颁布或正在制定相应的地方金融监督管理条例，进一步加强地方金融监管。综观各地的地方性金融监管条例，多数条例将焦点都集中在了金融风险防范和打击非法集资等方面。

《天津市地方金融管理条例》明确规定了市和区人民政府防范和处置金融风险责任。对地方金融组织未报告其发生的重大风险情况的，可以采取责令改正并处罚款、责令停业整顿、吊销经营许可证等处罚措施。该条例还明确规定：任何单位和个人不得非法吸收公众存款、擅自发行有价证券或者以其他方式从事非法金融活动；不得以广告、公开劝诱或者变相公开宣传的方式，向社会不特定对象、超过法律规定数量的特定对象承诺或者变相承诺，对投资收益或者投资效果提供保本、高收益或者无风险等保证。

《四川省地方金融监督管理条例》从总则、地方金融组织、服务与发展、风险防范、法律责任、附则等方面，对四川省各类地方金融组织、地方金融活动进行规范，明确在四川省行政区域内对地方金融组织从事金融业务进行监督管理。同时，条例将地方金融组织界定为国家授权地方人民政府及其有关部门监督管理的小额贷款公司、融资担保公司、区域性股权市场、典当行、融资租赁公司、商业保理公司、地方资产管理公司、开展信用互助的农民专业合作社、从事权益类或者大宗商品类交易的交易场所等。条例特别注重"严监管"，具体体现在加强对地方金融组织的事中、事后监管，突出对地方金融组织的行为规范。首先，重要的金融监管权由省人民政府及其地方金融主管部门承担，市（州）、县（市、区）人民政府及其负责金融工作的机构承担日常检查、舆情监控及协助省级监管部门的工作。这样可以避免由于权限层层下放而基层政府力量不足以致监管失效的情况。其次，加强与国家金融管理机构的沟通和协作，形成严密的监管网络，避免出现监管重叠和监管真空。再次，明确非现场监管方式，省地方金融主管部门充分运用大数据、云计算等现代信息技术，加强监管信息的汇聚和共享，做好实时监测、统计分析、风险预警和评估处置等工作。最后，明确现场检查和采取行政强制措施的方式和程序，为地方金融监管工作确立执法依据。

金融监管是否有效，直接影响到我国金融体系是否稳定、存款是否安全。没有监管，对金融业至关重要的安全性、效率性就无法得到保障，金融机构为追求利润最大化，往往自觉或不自觉地牺牲流动性和安全性，历史上无序乃至恶性竞争最终导致两败俱伤的现象数不胜数。而金融监管则从市场准入、资本充足率、流动性、业务活动及市场退出等方面对金融机构加以监管，使金融机构的风险降低，保证整个金融体系的安全。然而，监管并不等于要将金融机构管死，过度注重安全、不适当地严加管制同样会扭曲金融行为，金融业会由于缺乏竞争而出现整体效率低下。因此，金融监管当局必须把握好监管的尺度，既要保证金融体系安全稳定，又要进行必不可少的竞争，这才是有效金融监管所追求的最终目标。

（三）加强新型农业经营主体相关金融监管

新型农业经营主体在发展过程中还面临着各种各样的问题。目前政府对新型农业经营主体更多的是扶持，缺少监管和考核。以家庭农场、专业种养大户为例。他们的多数行为为自身行为，缺乏监督和约束。农业合作社在利益联结机制的建立上还在探索中，如何更好地分配利益、共享成果也需要在实践中进一步探索。所以，构建新型农业经营主体金融支持体系，首先必须将新型农业经营主体的行为规范化。只有规范新型农业经营主体的行为，将其逐步引导到符合金融机构信贷要求的道路上来，才能够更好地实现金融供给。具体来说：一要加大对新型农业经营主体准入的监管力度。改变现有对新型农业经营主体单一的评价标准，更加重视从综合角度来评价。对新型农业经营主体实行更加严格的准入制度，增加资金保障、发展产业、市场前景等方面的考核评价指标，对没有经营能力的新型农业经营主体不予准入。同时对新型农业经营主体加强考核，对在一定时间内达不到要求的新型农业经营主体实行退出机制，从源头上避免由于新型农业经营主体经营不达标而产生的信贷违约风险。二是要加大对新型农业经营主体经营项目的审查。对新型农业经营主体的经营项目从市场前景、资金保障、是否符合国家和地方产业扶持政策等方向进行审查，评价新型农业经营主体的经营风险。同时，要建立项目全程跟踪监测制度，对在项目实施过程中可能遇到的风险制订预案，避免产生信贷违约风险。

第二节 强化不同金融机构间的协同配合

一、引入新型金融工具

在传统信贷产品的基础上，金融机构要坚持创新，更好满足新型农业经营主体的金融需求，如设立农业产业发展基金。农业产业发展基金是在现代信托的基础上，政府通过发行基金债券的方式集中投资分散的资金，并以股权形式直接投资于农业产业化龙头企业或者农业项目，促进农业企业的规模化、专业化、集约化和商品化经营，从而给投资者以回报[128]。在政府投资的前提下，积极引导银行、企业、保险、社保等各种资金加入基金，提供充足的资金保障。同时，要加大对农业产业基金的监管力度，要保证基金投向发展前景好、市场空间大的农业企业和农业项目，充分发挥产业基金对新型农业经营主体缓解资金紧张的重要作用。

二、深化多元合作模式

深化多元化的合作模式，扩大单个主体服务新型农业经营主体的范围。一是深化银企合作。同其他类型新型农业经营主体相比，农业企业在财务管理、资产状况等方面具备一定的优势。因此，可以依托农业龙头企业与农户、合作社等的联系，打造"农业企业+农户（家庭农场、合作社）"的农业产业链信贷模式，深化农业企业与农户、合作社等的合作。银行为其提供信贷、结算、理财等金融产品和金融服务。二是深化银政合作。通过政府与银行金融机构的合作，发挥财政资金对金融资本的撬动作用。如政府为新型农业经营主体提供担保，帮助新型农业经营主体获得银行金融机构的融资。这种模式一方面能够解决新型农业经营主体缺乏担保的问题，帮助新型农业经营主体获得金融支持，另一方面也能够降低银行信贷风险，达到多赢的局面。三是深化银保、银协合作。加强银行金融机构与保险公司合作，开发保险贷款业务，降低银行金融机构的信贷风险。同时，与各类协会合作，探索"融资+融智"模式，将农业输血式扶贫和农业造血式扶贫结合起来，为新型农业经营主体提供可持续发展的支撑。

三、加快财政与金融协同发展

在新型农业经营主体的金融支持体系中，财政与金融是一个问题的两个方面，二者互相补充，不可或缺，必须重视二者之间的协同发展。财政与金融的协同其本质是正确处理政府与市场的关系。在新型农业经营主体金融产品和金融服务的供给中，市场在资源配置中起决定性作用。政府主要是通过发挥宏观调控作用和弥补市场失灵为金融机构发挥作用提供良好的外部环境，包括构建农业信贷补偿体系降低金融机构提供金融产品和金融服务的风险、构建和营造配套支撑体系和良好的金融外部环境提高金融机构的积极性。

第三节　深化土地产权制度改革

一、继续推进农村土地承包权经营权抵押

随着城镇化和工业化的推进，我国农村产生了大量闲置土地。按照《中华人民共和国物权法》，农村耕地和宅基地不能抵押融资，不能有效流转，不具有金融功能。这极大地制约了我国土地的集约利用，也制约了新型农业经营主体的发展。2016年3月，中国人民银行会同相关部门发布了《农民住房财产权抵押贷款试点暂行办法》和《农村承包土地的经营权抵押贷款试点暂行

办法》，从贷款对象、贷款管理、风险补偿、配套政策支持、试点监测评估等方面，对土地经营权抵押贷款进行了政策说明。2016年10月，中共中央办公厅、国务院办公厅出台了《关于完善农村土地所有权承包权经营权分置办法的意见》，对今后一段时期土地产权制度改革具有重要的指导意义。"三权分置"将土地所有权、经营权、承包权分置并行，是对家庭联产承包责任制的又一次创新，有利于明晰权益和发展多种形式的土地规模经营。"三权分置"的出台，让"两权抵押"成为可能。新型农业经营主体生产规模较大，特别是对于种植类新型农业经营主体，土地的需求规模更大。将土地作为抵押物贷款能够在很大程度上解决新型农业经营主体信贷缺乏抵押物的问题。"两权抵押"和"三权分置"的出台，为土地抵押提供了法律法规依据。从全国范围来看，土地承包经营权抵押在各地的尝试和试点较多，积累了一系列可供推广的经验。但是在试点过程中，也出现了一系列问题。如经营权价值评估不规范、没有规范的评估机构、债权处置难等问题。未来需要从以下几个方面做好相关工作。

（一）加快推进土地确权及后续工作

开展产权抵押质押应该按照确权颁证、土地权属公示、土地经营权抵押融资、担保征信、不良资产流转处置、政策保障等进行。确权是开展产权融资的首要环节。由于新型农业经营主体的土地是从个体农户中流转来的，因此土地确权工作非常重要。要做到既保护好个体农户土地承包权，又保护好新型农业经营主体的土地经营权。虽然土地确权工作已经开展并取得一系列成效，但是在实际工作中仍然存在一些历史遗留问题，如将集体用地私自开垦、土地实际确权面积与农民陈述不一致等问题。因此，要推进土地经营权抵押贷款，必须进一步做好土地确权及其后续工作。对于已经明确权属的土地，尽快进行登记、公示、颁证，确保土地确权的权威性。

（二）加快土地产权交易平台建设

目前土地经营权抵押贷款过程中存在土地价值评估过低、土地评估不规范、土地无法进入市场交易等问题。要成立土地交易中心和土地评估中心，负责发布土地信息、评估土地价值、规范交易行为、规范合同签订手续、保护交易双方权益等方面。引入权威的专业中介机构和专业人才对农村土地经营权抵押价值进行准确评估，合理确定农村土地价值[129]。建立土地经营权仲裁机制，为土地交易过程中发生的各种纠纷提供仲裁服务。

农村土地产权交易平台是一个中介，对被政府征用的农民土地、土地承包经营权、集体建设用地、宅基地等权利，通过拍卖、竞价、招标投标等方式进行交易，提高土地资源利用率。除交易行为外，农村土地产权交易平台还提供土地信息查询、争议处理等服务[130]。交易平台的建设能够起到保护农民权益的作用，改变了传统的行政力量对土地的处理权，提高了市场在土地交易中的决定地位。可以说，交易平台的建设是两权抵押贷款试点能否顺利推进的关键和核心。政府要加强对土地产权交易平台的监管，确保土地产权交易平台规范、有序、合法运行。

土地价值评估主要将土地承包使用权的租期以及土地作物的产量作为土地价值的衡量标准。一方面，土地价值难确定影响了金融机构发放贷款的积极性，因为金融机构担心由于价值不确定性会出现土地流动性问题；另一方面，缺乏第三方公正定价机构的参与，土地无法合理确定价值，也影响了银行根据土地价值进行贷款额度的确定。因此，必须引入第三方定价机构对土地价值进行评估。要邀请第三方合理确定土地价值，防止土地价值人为操纵。同时，要完善协商、协调、仲裁等纠纷处理机制，确保农民合法权益不受损害。

（三）降低土地承包经营权抵押贷款风险

金融机构不愿意开展土地经营权抵押贷款的一个重要原因就是当客户无法偿还贷款时，金融机构在处置土地经营权上存在难度。土地经营权作为一种特殊的抵押物，在保护农民权益方面具有重要意义。在实践过程中，由于商业性金融机构以利益最大化为原则，在土地经营权抵押贷款过程面临的风险较大时，普遍持观望态度。因此，必须建立一定的风险补偿机制，降低金融机构在开展土地经营权抵押贷款中可能遇到的各种风险。为降低风险，各地在实践中创新设立了农村产权抵押融资风险补偿基金，由借款人、金融机构和政府共同承担损失风险。当发生贷款违约时，用风险补偿基金为金融机构提供一定的补偿。同时，逐步引导农业保险机构开设土地经营权贷款抵押保险品种，进一步降低金融机构的风险。

（四）强化政策延续性和稳定性

2015 年 8 月 10 日出台的《国务院关于开展农村承包土地的经营权和农民住房财产权抵押贷款试点的指导意见》规定"全部试点工作于 2017 年底前完成"，试点期仅 2 年多。试点期限结束后政策的走向成为金融机构非常关注的方面。为保证政策的稳定性和持续性，应适当延长试点期限。同时总结试点期实践的成功经验和失败教训，对成功经验进行复制推广。延长试点期限并推广应用能够保证新型农业经营主体和金融机构的利益。

二、扩大住房财产权抵押质押融资范围

2016 年中国人民银行联合相关部门印发了《农村承包土地的经营权抵押

贷款试点暂行办法》和《农民住房财产权抵押贷款试点暂行办法》，从贷款对象、管理、风险补偿、配套支持政策、试点监测评估等方面为金融机构开展"两权"抵押贷款提供了政策依据。这虽在一定程度上解决了新型农业经营主体融资难的问题，但是在实际中由于农村宅基地的特殊性，存在住房标准确定难、农村住房市场交易难等问题。

（一）明确纳入抵押贷款的住房范围

农村住房存在多种形式，如一户多宅、多户一宅等，需要明确可以纳入抵押贷款的住房。具体来说，针对一户一宅的情况，由于在发生无法偿还贷款的情况后，金融机构收回住房会导致新型农业经营主体无房居住，所以建议不纳入住房抵押贷款的范围。针对一户多宅的情况，可以明确新型农业经营主体将某一处住房纳入抵押贷款范围，并明确相应的处置方法。针对一宅多户的情况，由于其权属关系不明，且在后续处置过程中可能产生纠纷，不建议纳入住房抵押贷款的范围。

（二）完善相关法律法规

现有关于住房抵押贷款的文件仅有国务院出台的指导意见，规定住房处置的受让人应限制在法律法规和国务院规定的范围内。但农村住房仅限于在集体经济组织内部进行交易，这极大地限制了金融机构的处置方式。因此，必须对基于现有户籍制度和城乡土地管理制度建立的农村住房受让制度进行调整，建议出台相关的法律法规打破对受让人的限制，首先在试点地区探索暂停执行农村住房转让对象仅限于集体经济组织成员的规定，扩大农村住房的受让对象范围，提高处置率。

第四节　建立和完善农业社会化服务体系

农业社会化服务体系是新型农业经营体系的重要组成部分。新型农业经营体系的基本框架应该包括农业生产体系，以及由公共服务机构和多元化服务主体共同组成的农业社会化服务体系[131]。

农业社会化服务体系是指由不同类型的主体为农业产前、产中、产后的整个产业链环节提供服务，这些服务包括原材料采购、生产服务、农机服务、仓储服务、金融服务、销售服务等方面[132]。健全农业社会化服务体系是实现小农户与现代农业有机衔接的重要选择。从 2004 年起，历年中央一号文件都对构建农业社会化服务体系提出了明确要求。我国已经基本形成以家庭承包经营为基础、以公共服务机构为主体，多元化和社会化的市场主体广泛参与的新型农业社会服务体系。但是，2018年发布的《新型农业经营主体社会化服务报告》指出，现在我国农业生产社会化服务在供给总量、供给结构上都难以满足各农业生产主体的需求，需要促进公益性和经营性服务、专项和综合服务协调发展。

一、完善农业社会化服务供给体系

我国基本形成了多主体供应的农业社会化服务体系，但各主体作用发挥有限，农业社会化服务效率较低。未来必须进一步完善以政府为主、多元化主体参与的农业社会化服务供给体系，明确不同供给主体的供给重点。

（一）发挥各项政府机构在公益性社会服务供给中的作用

政府是我国最早的农业社会化服务供给主体。新中国成立后，我国在行政垂直管理的体系下构建了包括省、市、县、乡多层次的农业科技服务机构和供销社等农业社会化服务组织。但随着税费改革以及行政管理体制的推进，各种社会化服务机构发挥的作用逐步减少。以村集体经济为例。村集体经济受其经费有限的制约，难以发挥提供社会化服务的功能。而提供农业服务的供销、电力、水利等部门都在乡一级，在村一级无法发挥应有的作用[133]。以政府为主的公益性社会化服务供给主体具有基础好、服务针对性强等优势，未来需要这些部门变被动为主动，提高供给农业社会化服务的积极性。农技推广站、畜牧兽医局、林业局、农技站、经管站、水利电力排灌站、供销社、农信社、村集体经济组织要围绕农业基础设施建设、农业技术普及与推广、动植物疫病防控、小额金融供给等方面，为新型农业经营主体提供社会化服务。

（二）继续发挥新型农业经营主体在提供社会化服务中的作用

在提供农业社会化服务方面，新型农业经营主体具有双重特征，他们既是农业生产的主体，也是农业社会化服务的供给主体。钟真（2014）在对北京郊区新型农业经营主体的社会化服务体系进行调查后指出，新型农业经营主体主要提供了销售、技术、农资、信息、金融、农机、基建7个方面的农业社会化服务，其在各类供给主体中所占的比例依次为88.1%、72.9%、52.6%、48.2%、8.7%、8.8%、5.3%。从不同类型的新型农业经营主体看，农业龙头企业和农民合作社提供社会化服务较多。而家庭农场和专业大户一般以从事农业生产活动为主，很少或从不向其他小农户提供农业服务[134]。

未来一方面要发挥不同类型，特别是专业种养大户、家庭农场在提供农业社会化服务方面的作用，另一方面要明确不同类型新型农业经营主体提供服务的重点。农业龙头企业要更加重视在提供技术指导和技术服务、提供市场信息、提供金融服务等方面为新型农业经营主体提供社会化服务。农民专业合作社在市场开拓与销售、农资统购统销、农业机械服务、农业基础设施建设等社会化服务方面能够发挥更大的作用。农业种植、养殖大户在市场销售、农业技术指导等方面发挥服务新型农业经营主体的作用。此外,新型农业经营主体在提供农业社会化服务的优势主要在农业生产性领域,其供给重点应该集中在农业生产、销售、农产品品质监管及流通体系、信息收集等生产性服务领域,而金融等非生产性社会化服务领域应借助金融机构等发挥作用。

(三)发展专业服务主体

专业服务主体是市场化的农业现代化服务提供方,如金融机构、帮农忙、e田科技、蜻蜓农服、阿里、京东等专业化服务机构。这些市场化的机构主要提供综合性的服务方案、金融服务,特别是农产品流通方面。专业服务主体在提供农业社会化服务方面具有诸多优势。一是专业服务主体更为专业。以金融机构为例。在新型农业经营主体金融供给方面,金融机构能够提供更为有效的服务。二是专业服务主体更加多元。以阿里、京东为例,这些互联网巨头依托自身"互联网+"的优势,能够为新型农业经营主体提供包括农资购买、农业技术指导、农产品流通等一体化的、系统的服务。三是更具规模优势。由于聚焦于某一方面或者某一个体系提供农业社会化服务,这些专业服务主体能够发挥规模优势,进一步降低服务成本,提高服务效率。

(四)发展其他供给主体

其他供给主体包括以高等院校、科研院所为主的农技服务推广体系,以及新型职业农民、科技特派员等。这些供给主体是农业社会化服务体系的有益补充。高等院校、科研院所等在农业技术研发、推广等方面具有先天优势,而新型农业经营主体在农业技术应用方面有需求,二者可以结成"技术研究+技术实践"的关系,实现农业技术从实验室走向田间地头。新型职业农民是农民,但是又不同于一般的农民。新型职业农民有文化、懂技术、会经营,把务农当成一种职业,来自农村,扎根于农村,新型职业农民在提供农业社会化服务方面具有先天的优势。以提供农业社会化服务为主的新型职业农民主要包括农机作业能手、动植物防疫员、农村经纪人、农村信息员等各种人才。

二、提供多样化的供给服务

2017年,农业部、国家发展改革委、财政部联合印发了《关于加快发展农业生产性服务业的指导意见》,提出了农业市场信息服务、农资供应服务、农业绿色生产技术服务、农业废弃物资资源化利用服务、农机作业及维修服务、农产品初加工服务、农产品营销服务 7 个方面的实施重点。按照农业产前、产中、产后不同阶段，农业社会化服务可以分为农资购买、良种引进和推广、农业机械化服务、动植物疫病防治服务、农产品加工服务、运输流通服务、仓储服务、质量检测服务等。随着农业生产的不断发展，在实践中还探索了农业托管服务、"互联网+"等农业社会化服务方式。按照中央办公厅、国务院办公厅出台的《关于促进小农户和现代农业发展有机衔接的意见》中关于农业社会化服务体系的说明，将农业生产社会化服务分为以下几种类型。

（一）完善农业生产性服务

按照农业产前、产中、产后的生产过程划分，农业生产性服务更多地集中在农业产前、产中。个体农户对农业生产性服务的需求最大，新型农业经营主体中的家庭大户、种植和养殖大户对农业生产性服务有一定的需求。农业生产性服务主要包括农资统购、良种统购、农业机械化服务、防疫、农业技术推广等方面，这是农业生产活动的前端环节。在这些方面提供农业社会化服务，一方面能够降低新型农业经营主体和个体农户依靠自身力量开展农业生产活动的成本，另一方面也能够提高农业生产活动的专业性、科学性。以农资和良种统购为例。由社会化服务组织统一购买农业生产资料和良种，通过与农业生产资料和良种供给商结成长期合作关系，不仅能够发挥规模经济效应降低采购成本，而且社会化服务组织在购买农业生产资料和良种时更加重视质量，也在一定程度上降低了农业生产的风险。

（二）加快推进农业生产托管服务

随着我国工业化、城镇化加快，农村农业生产面临着老龄化的危险。大量的农村年轻人口进城务工，留在农村务农的人口年龄普遍偏大。农业从业人员老龄化的直接影响就是农业生产效率低、土地撂荒严重。可考虑发展农业托管，通过专业的社会化服务组织来实现农业生产。农业生产托管是农户等经营主体在不流转土地经营权的条件下，将农业生产中的耕、种、防、收等全部或部分作业环节委托给农业生产性服务组织完成的农业经营方式[135]。目前主要有全程托管、多环节托管、关键环节托管等多种方式。

全程托管是指新型农业经营主体支付一定的费用，将农业生产的整个环节都交给专业机构完成，这种托管方式适用于缺乏劳动能力、无法完成农业生产的委托者。多环节托管是指委托方将农业生产活动中的部分环节委托给专业的社会化服务机构，这种托管方式适用于没有完全离开土地的农业劳动者。由于无法完全离开土地，但是又无法从事农业生产活动，所以将部分环节委托出去，从而实现既不脱离土地又实现农业生产的双赢。关键环节托管是指在农业生产活动中，部分环节由于技术要求较高、农业机械化程度较高，单纯依靠个体农户或新型农业经营主体无法完成，需要专业的社会化服务机构来提供专业的服务。

（三）加快发展农产品产销服务

由农业专业化服务机构提供农产品产销服务，是实现新型农业经营主体与市场化有机衔接的重要手段，也是降低新型农业经营主体市场化风险的重要手段。依托专业的社会化服务供给机构，为农产品进入市场提供分选、配送、仓储、运输、信息、结算、检验检测等服务。完善农产品流通服务，开展多种形式的产销对接，畅通农产品流通渠道。依托"互联网+"发展农产品电子商务，实现农产品线上销售与线下销售的有机结合。鼓励新型农业经营主体开展农产品质量检测和追溯，切实提高农产品质量。

三、扩大农业社会化服务的覆盖面

根据《新型农业经营主体社会化服务报告》，家庭农场、个体农户对农业生产社会化服务的需求分别为50.13%、44.81%。但由于宣传力度不够，以种植和养殖大户为代表的新型农业经营主体对生产社会化服务体系的了解比例仅在2.74%和9.73%之间，以家庭农场和专业大户为代表的新型农业经营主体对农业生产社会化服务体系的了解比例在12.55%和45.87%之间。因此，必须千方百计扩大农业社会化服务的覆盖面。

（一）扩大农业社会服务范围

正如前文所述，目前多数人对农业社会化服务体系不清楚、不了解，因此接受程度较低。加大宣传力度，其目的就是让更多人了解农业社会化服务体系。目前，可以从村集体入手，以村集体为单位，初步提供基本服务，让大家对农业社会化服务具体包括的方面有所了解，然后连点成面，构建农业社会化服务体系网[136]。通过加大宣传力度，提高新型农业经营主体对农业社会化服务体系的认识和了解，是建立健全农业社会化服务体系的前提。为此，应加大对农业社会化服务体系的宣传和推广力度，提高农业社会化服务体系的覆盖率。

（二）注重利益联结机制的构建

在我国农业现代化过程中，新型农业经营主体是重要的推动力量，但这并不会改变我国小农户在农业生产中占据主体地位的现实。我国的国情决定了未来很长一段时间小农户都将存在。因此，在构建农业社会化服务体系过程中必须重视新型农业经营主体与个体农户之间利益联结机制的构建，通过各种合同、契约的形式完善农业社会化服务体系中新型农业经营主体、个体农户、社会化服务提供者等主体之间的利益共享、利益分配机制，让不同主体都能够分享社会化服务发展的成果，形成紧密的利益体。这样一方面可以降低农业社会化服务的成本，另一方面能够形成规模经济效益，更加符合我国现阶段农业生产的实际情况。

（三）构建多元化、专业化、市场化的农业社会化服务体系

西南大学经济管理学院副院长张应良教授指出："中国农业的规模化经营可以通过两条路径实现。第一是通过农地流转，实现土地经营集中规模化；第二是通过健全农业社会化服务体系，实现农业生产服务的集中规模化。"但农业社会化服务体系涵盖了农业产业链的整个环节，涉及农业信息服务、农产品流通、农业科技创新、技术推广、农业保险、冷藏、运输等方方面面，需要构建多元化、专业化、市场化的农业社会化服务体系，实现供给主体和服务内容的多元化，供给服务的专业化，实行以市场化运作为主、政府提供一定的财政补偿为辅的投入机制，实现农业社会化服务体系的可持续发展。

第五节　进一步加强农村金融生态环境建设

一、加快农村信用体系建设

农村信用体系建设是我国农业现代化的重要基础。推进农村信用体系建设，是解决新型农业经营主体融资难问题的一个重要着力点。新型农业经营主体的信用体系是我国农村信用体系的重要组成部分。在建设农村信用体系时，由于新型农业经营主体基本状况已经备案，因此，可优先考虑推进新型农业经营主体的信用体系建设，以新型农业经营主体的信用体系建设来带动农村信用体系的建设。

（一）构建新型农业经营主体信用体系

目前，农村信用体系建设对象是农户。但随着我国新型城镇化和工业化的推进，个体农户进城务工或者农业兼职化现象出现，为信息收集工作带来了极大的难度。此外，农户信用的地域性、差异性、多维性、不确定性和不规范性，也影响了我国农村信用体系建设的进度。同个体农户相比，新型农业经营主体在经营管理、资产状况等方面更为规范，因此，可以将新型农业经营主体

作为抓手，重点、优先在全国农村信用体系建设试验区推进新型农业经营主体的信用体系建设。

（二）构建信用信息收集与应用制度

新型农业经营主体信用体系的建设是一个复杂的工程，包含许多方面。一是做好信息收集工作。信息收集是信用体系建设的基础，要加强组织领导，以中国人民银行印发的《农村信用体系建设基本数据项指引》（银办发〔2013〕63号）和《农户信用信息指标》（银办发〔2015〕241号）为依据，结合当地新型农业经营主体的实际情况，确定采集信息的指标体系。完善多途径信息采集制度，按照先易后难、逐步推进的原则，采用信息收集、数据报送、信息共享等各种方式收集家庭农场、专业合作社、龙头企业等新型农业经营主体的信用信息资源。要注意不同地区的新型农业经营主体信用信息的不同侧重点，要结合各地实际情况因地制宜地推进。二是在收集信息后建立新型农业经营主体信用信息数据库，实现信息共享。在保护国家机密、商业机密和个人隐私的前提下，为政府、金融机构等提供信息服务，并依托信息数据库提供对新型农业经营主体的信用体系建设、扶持政策落实和资金兑现等服务。三是对新型农业经营主体制定评价制度。在信用信息数据库建设的基础上，充分发挥政府、农村基层组织、金融机构、信用中介机构等各方力量，共同推进新型农业经营主体的信用评价。对不同地区、不同类型的新型农业经营主体要建立不同的分类评价体系，建立符合各地实际和新型农业经营主体实际的信用评价体系。新型农业经营主体信用信息数据库建立后，要实现信息共享。四是根据评价状况，要建立动态更新机制，实时、动态更新新型农业经营主体的信用状况，为政府部门制定政策和金融机构发放信贷提供参考依据。

（三）健全风险补偿与守信联合激励机制

新型农业经营主体信用体系建立后，鼓励金融机构据此发放信贷。根据不同新型农业经营主体的信用评级情况，确定合理的信贷额度、信贷利率、还款周期，提高双方信息对称性。政府对信用较好的新型农业经营主体要采取补贴、贴息等各种形式提供奖励，同时建立"黑名单"制度，对信用较差的新型农业经营主体采取一定的惩罚措施。推进信用家庭农场、信用专业合作社、信用农业龙头企业等的建设工作，将评定结果纳入新型农业经营主体的信用体系，将此作为为新型农业经营主体提供信贷和信贷优惠的依据，发挥正向激励作用。

数据库建立后，要支持金融机构通过直接接入、平台接入、信息共享等多种方式接入信用系统，金融机构据此为新型农业经营主体提供信贷服务，解决金融机构进入农村面临的信息不对称问题。同时，为新型农业经营主体提供信息查询服务，帮助新型农业经营主体关注和提高自身的信用级别。

二、加快农村金融基础设施建设

（一）加强农村普惠金融建设

改变传统的以存折为主的支付方式，扩大银行卡在农业保险、农业补贴等方面的使用范围。加大在农村地区设立银行网点，保证新型农业经营主体能够足不出户就可以办理取现、查询、汇款、跨行支付等业务。推动金融 IC 卡的使用，提高账户使用的安全性。对具备一定经济偿还能力的新型农业经营主体发放信用卡，解决其短期资金周转困难。政府采取资金补贴的形式设置助农取款服务点、ATM 机、营业网点等改善农村支付环境。适应"互联网+"的发展，鼓励农村电子商务服务点和助农取款服务点相互依托建设，逐步增加各类网络支付和手机支付方式，同时要注重对支付风险的防范。

（二）构建多层次广覆盖的支付服务网络

在营业网点设置上，根据各地的实际情况来推进。在经济较为发达、金融活动量较大的农村地区增设营业网点，为新型农业经营主体提供便利的服务。将经济较为落后、金融业务量较小的网点撤销。为提高新型农业经营主体的金融获取便捷度，应组织涉农金融机构大力开展助农取款服务，完善服务网络。对不适宜设置营业网点的乡镇可安装 ATM 机。同时对条件成熟或具备条件的地区安装 POS 机，在农村大型批发市场、各类超市推广使用。此外，要大胆创新，研发各类支付服务创新产品。

（三）加强支付服务环境的建设

支付环境的好坏，直接影响新型农业经营主体的资金是否安全。由于新型农业经营主体对金融了解较少，极易上当受骗。因此，要切实保障新型农业经营主体的资金安全，坚决杜绝助农取款服务点经营者利用新型农业经营主体缺乏安全意识的特点，骗取农户资金事件的发生。对此类事件的骗取者必须严厉处罚，同时加强对新型农业经营主体的教育和培训，提高其资金安全意识。

三、加强金融机构和新型农业经营主体发展引导

从国外农业金融体系的成功经验看，要发挥金融机构的助农作用，政府在其中具有重要的作用。虽然最终我们要使市场在新型农业经营主体金融支持体系中发挥决定性作用，但不能否定政府在其中发挥的作用。政府是金融机构与新型农业经营主体之间的桥梁和纽带，可以加强二者的联系。政府发挥的作用

主要是解决金融和保险机构的逐利性与农业生产经营的低收益、高风险之间的矛盾。政府一方面通过引导，提高金融机构对支持新型农业经营主体的重要性的认识，使金融机构认识到，新型农业经营主体是我国农业现代化的主力军，对实现我国农业现代化具有至关重要的作用，必须加大扶持和支持力度；另一方面要通过各种政策扶持，降低金融机构成本，提高金融机构服务新型农业经营主体的积极性，努力改变金融机构由于农业生产经营活动回报低、投资期限长而不愿意支持的现状。

（一）加大对金融机构的引导

虽然国家通过各种政策引导金融机构，鼓励其加大对新型农业经营主体提供金融支持，但从实际效果看，商业性金融机构涉农信贷投放仍出现下降的趋势，商业银行市场化带来的商业化色彩更加明显。农信社资金也出现了逃离农村、追求经营利润的现象。对此，政府要进一步发挥引导作用。一是鼓励金融机构加大对新型农业经营主体的金融支持。虽然农业是弱质产业，但是新型农业经营主体同个体农户相比，其市场竞争力更强，经济效益更好，金融机构应该避免用看待个体农户的眼光对待新型农业经营主体，应加大支持和扶持力度。二是对金融机构确立合理的存贷比，特别是对新型农业经营主体的信贷比例。对在农村吸收存款的金融机构，要结合吸收存款的规模规定合理的信贷投放比例，促使金融机构将吸收的存款投放于当地，减少资金外流。确定合理的信贷比例不等于盲目发放贷款，在发放贷款的过程中金融机构要以服务新型农业经营主体为目标，选择更具优势的新型农业经营主体来加大扶持力度。三是严格执行相关政策。对制定的货币、财政、税收政策，金融机构要严格执行。

（二）加大对新型农业经营主体的引导

加快新型农业经营主体的培育，是实施乡村振兴战略的重要内容。要鼓励具备条件的个体农户发展为适度规模的家庭农场和专业种养大户。同时，鼓励农民通过以产业、土地流转、产品加工、销售等多种途径组建农民合作社。加大对农业产业化龙头企业的培育力度和招商引资力度，鼓励其实现多种形式的一二三产业融合发展。围绕当前农业发展过程中农户和新型农业经营主体发展农业服务组织，为新型农业经营主体提供农业技术指导、信用评价、农业保险、加工储存等各方面的服务。在加大发展力度的同时，要注重新型农业经营主体的发展质量。规范新型农业经营主体日常管理，提高标准化的生产水平和科学化的管理水平。金融机构对新型农业经营主体惜贷，最主要的原因就是新型农业经营主体信用意识淡薄，违约风险高。对此，政府要通过各种途径加强宣传和引导，一方面通过加强管理，提高新型农业经营主体的规范运营能力；

另一方面要增强新型农业经营主体的履约意识，降低违约风险的发生。

此外，要加大对新型农业经营主体的再教育。受教育程度直接影响新型农业经营主体的经营和决策水平。要结合新型农业经营主体不同的受教育程度，整合现有的农业类高等院校、职业技术学校、中专、农民夜校、党校等教育资源，形成完善的新型农业教育培训体系；提高新型农业经营主体对新生事物的接受程度和对乡村振兴战略的接受程度。在课程设计上，要结合新型农业经营主体发展的需要，更加注重对农业知识、农业生产技术、市场营销技能的培训。在课程设置上要结合新型农业经营主体的不同类型、不同层次有所侧重。对于受教育程度较低的新型农业经营主体，结合其认知能力，可以从短期培训、农民夜校、在线教学等短期培训着手，提高其认知能力、知识水平、经营管理能力等。对于具备一定知识的新型农业经营主体，可以依托中专、各类培训中心等对其提供系统性的培训，可结合其农业生产经营活动，举办各类专业技术、经营管理培训班，注重培训的实用性和技术性，提高其生产经营能力。对于受教育程度较高的新型农业经营主体，则需要更加注重知识的专业性、系统性，提供符合其受教育程度的培训。

第六节　健全新型农业经营主体的统计制度

虽然新型农业经营主体已经成为我国实施乡村振兴战略的重要抓手，但是目前并没有针对新型农业经营主体的规范的统计指标体系。一是现有统计分类并未将新型农业经营主体作为一种单独的统计对象进行分类统计，而是将其和其他个体农户混淆起来。即使有的地方有统计，也存在统计标准不一的问题。现有的统计指标更多地采用涉农贷款来衡量农业领域的信贷情况。涉农贷款统计的范围包括个体农户涉农贷款、企业涉农贷款和非企业组织涉农贷款三大类。新型农业经营主体作为一个新的主体，在统计监测中并没有得到具体体现。二是现有涉农贷款统计无法反映新型农业经营主体金融贷款创新情况。现有统计的涉农贷款按照用途可以划分为农林牧渔业贷款和其他涉农贷款两部分。新型农业经营主体作为我国新的农业主体，在金融需求上有很多新特点，金融机构也开发了很多新的金融产品。但是现有统计制度无法反映出这些金融产品的创新，现有统计制度仅仅按照信用形式将金融贷款分为信用贷款、保证贷款、抵押贷款、质押贷款四大类，对土地经营权抵押贷款、农机具抵押贷款、担保贷款等新的形式没有体现。三是没有规范统一的统计报表来体现新型农业经营主体特征。现有统计以试点统计、报表统计为主的统计方式缺乏灵活性，也缺乏合理性，无法反映新型农业经营主体的实际情况。因此，必须建立新型农业经营主体的专项统计制度，发挥统计指标的导向作用，更好地了解资金供需情况，更好地引导各类金融资金流向新型农业经营主体。

一、合理确定新型农业经营主体的认定标准

由于我国不同地区资源禀赋、农业发展基础不一，因此，对新型农业经营主体的认定标准也应有所区别。在实际中发现，政府出于鼓励新型农业经营主体发展的需要，一般会设置较低的门槛。但金融机构为了降低信贷风险，往往对符合发放信贷要求的新型农业经营主体设置较高的标准。如泰州市政府对粮食种植类的家庭农场要求"土地规模在 100 亩以上"，而中国农业银行江苏省分行的要求则为"粮食种植面积在一年一熟地区不低于 300 亩，一年两熟地区不低于 150 亩"[137]。所以我们必须更加准确、更加科学地对新型农业经营主体的标准进行确定。具体来说，一是差异性。新型农业经营主体范围的界定应交由各省自主确定。各地应该根据各地的实际情况合理界定新型农业经营主体的范围，据此作为新型农业经营主体享受扶持政策的依据，要统筹考虑支持新型农业经营主体、调动金融机构支持新型农业经营主体的积极性。二是唯一性。在实践中，家庭农场、农业合作社、龙头企业之间可能存在重叠的情况，在制定标准时必须对此进行说明，当新型农业经营主体存在多种类型时，只按照某一种标准统计一项，确保统计的唯一性。对此可采用表单形式，勾选新型农业经营主体的类型，从而避免重复。三是动态性。新型农业经营主体是发展变化的，要做好新型农业经营主体在统计库中的新增和退出统计。对连续进入统计库的新型农业经营主体要给予一定的奖励，对不符合要求的新型农业经营主体要求退出，符合条件后再进行统计，享受相关政策。

二、合理构建统计指标体系

对新型农业经营主体的总体经营、信用方面还没有可供参考的统计指标体系，这也极大地影响了不同主体对新型农业经营主体的评价，必须合理设置统计指标。新型农业经营主体的统计指标体系应涵盖新型农业经营主体的经营状况、信用状况等方面。具体来说，一是新型农业经营主体的生产经营情况。新型农业经营主体的经营情况是金融机构确定信贷额度、信贷利率、信贷期限的重要衡量标准，应对新型农业经营主体的资产状况（含固定资产和流动资产）、产品市场占有情况、盈利情况等进行统计。同时，要鼓励新型农业经营

主体按照现代统计制度的要求报送，提高报送数据的真实性、准确性。二是新型农业经营主体的信贷情况。这主要是指对新型农业经营主体的信贷需求情况和信贷获得情况进行统计。从信贷产品、信贷用途、利率等方面反映新型农业经营主体的信贷基本情况。按照贷款期限的长短，将信贷产品分为短期贷款、中期贷款、长期贷款等。按照信贷用途可将信贷产品分为农林牧渔业贷款、农产品加工贷款、流通贷款、基础设施信贷等。按照担保方式的不同可将新型农业经营主体的信贷分为信用贷款、担保贷款、抵押贷款、质押贷款等。按照金融机构对信贷质量划分，可将信贷划分为正常、关注、次级、可疑、损失五个等次。此外，在统计过程中，一方面要对新型农业经营主体已经获得的信贷情况进行统计，另一方面需要按照这些指标对新型农业经营主体的信贷需求进行统计。

三、建立统计数据报送体系

指标体系建立后，应提高数据使用的有效性。一是建立信息报送制度。依托现有的统计体系，按照确定的新型农业经营主体指标体系，按一定的时限，如季度、半年、年度报送统计数据，为政府部门、金融机构提供决策依据。一方面，建立信息报送制度是为了形成对新型农业经营主体基本情况的监测，将此作为制定新型农业经营主体相关扶持政策的依据；另一方面，建立信息报送制度也能够有效地防范目前各地盲目发展新型农业经营主体导致的各种风险，促进新型农业经营主体的良性发展和可持续发展。二是实现信息共享。在符合保密要求的范围内，对新型农业经营主体的信息实现信息共享。新型农业经营主体的统计信息，对构建新型农业经营主体金融支持体系至关重要。由于新型农业经营主体统计信息涉及农业、统计、金融、发改等众多部门，在统计报送过程中要建立共享机制，避免各部门、各单位重复统计报送，以及数据统计不统一情况的产生。信息共享能够极大地降低统计报送的成本，特别是在"互联网+"背景下，依托互联网、大数据，能够实现数据之间的共享。三是注意统计信息的安全性。新型农业经营主体统计体系，既涉及新型农业经营主体的基本情况，也涉及财务、债务等情况，对稳定新型农业经营主体具有非常重要的作用。为此，必须重视统计信息的安全性，在统计信息收集、传输、处理、反馈、分析的过程中使用安全信息管理系统，提高数据采集效率以及数据采集的准确性、安全性。

本章小结

本章对新型农业经营主体金融支持体系的配套支撑体系展开了研究。要构建系统高效的新型农业经营主体金融支持体系、充分发挥各种金融机构和金融组织的支农效果，亟须完善相关配套支撑体系，主要从加大政府扶持和监管力度、注重发挥各体系的协同效应、深化土地产权制度改革、加强金融生态环境建设、加快发展社会化服务组织、加快建立新型农业经营主体的统计制度等方面来进行。

第八章　结论与展望

第一节　主要结论

构建和完善新型农业经营主体金融支持体系，对于扩大金融供给和农村金融服务提质增效、推动我国现代农业快速发展、实现小农户和现代农业发展有机衔接、助推乡村振兴战略实施具有重大意义。通过分析研究我们得出如下结论：

一是新型农业经营主体发展壮大需要完善的金融支持体系。一方面，新型农业经营主体金融需求具有多样化、需求意愿强、需求额度大等特征，与个体农户金融需求小额化、需求意愿不强、季节性、期限短等特征不同，需要完善现有农村金融支持体系，提高服务新型农业经营主体的针对性。另一方面，现有影响新型农业经营主体发展壮大的因素中，融资难、融资贵是最大的制约因素。虽然农村金融供给和服务相比过去有一定增加和提高，但金融供需在总量和结构上仍然不平衡，新型农业经营主体普遍面临融资难和融资贵问题，其金融需求没有得到有效满足。

二是构建完善新型农业经营主体金融支持体系应该坚持聚焦供给侧结构性改革、坚持问题和产品创新相结合、注重主体和客观因素相结合、正确处理政府与市场关系等原则。本书通过构建 DEMATEL 模型，分析得出影响新型农业经营主体融资难、融资贵的因素主要包括：金融供给组织体系不健全，金融支持产品和服务不适应需求，信贷风险防范机制不健全，配套支撑体系不完备。鉴于此，要从四个方面着手构建新型农业经营主体金融支持体系：①健全新型农业经营主体金融支持组织体系；②创新发展新型农业经营主体金融支持产品和服务；③健全新型农业经营主体信贷风险防范机制；④构建完备的相关政策配套支撑体系。

三是构建新型农业经营主体金融供给组织体系，应该遵循差异化、最大化、协同性原则，构建以商业性金融为主导、政策性金融为保障、合作性金融为重点、新型农村金融和非正规金融为重要补充的新型农业经营主体金融支持组织体系，充分发挥不同性质、不同形态、不同层级和不同功能的金融组织作用，推动农村金融资源向新型农业经营主体集聚。

四是金融支持产品和服务是构建完善新型农业经营主体金融支持体系的重要部分。结合新型农业经营主体金融需求的特点及趋势，金融产品和服务创新的着力点应在深化农村土地经营权抵押、农业供应链金融、扩大股票债券等直接融资市场、充分利用互联网金融工具、农业融资租赁市场等方面。

五是信贷风险补偿机制是构建完善新型农业经营主体金融支持体系的重要保障。新型农业经营主体在生产经营发展中面临多种风险，这是金融机构不愿将资金贷给新型农业经营主体的重要原因之一，而信贷风险补偿机制能较好地解决这一矛盾。农业保险体系、农业担保体系以及"信贷+保险"风险分担模式创新能够降低新型农业经营主体生产经营中的风险，进而降低金融组织在提供金融信贷支持中可能产生的风险，大幅提高对新型农业经营主体的信贷金融支持。

六是构建系统、完备、高效的新型农业经营主体金融支持体系还依赖于配套政策支撑体系的完善。完善金融支持配套体系需要政府的支持和监管，需要不同金融组织协同配合，需要继续深化产权制度改革，继续推进农村土地承包权经营权抵押贷款，健全社会化服务组织，进一步完善金融生态环境，建立和完善新型农业经营主体的统计制度。

第二节　展望

本书从新型农业经营主体生产经营和扩大再生产中面临的融资难题入手，运用金融市场供需理论、农村金融理论、金融风险分担补偿理论，以农村金融供给侧结构性改革为视角，对新型农业经营主体金融支持体系进行了系统性的研究和设计，从整体上对新型农业经营主体金融支持体系进行了构建和完善，为深化农村金融改革和破解新型农业经营主体融资困境做了积极探索。但是，新型农业经营主体金融支持是一个系统工程，涉及的主体和研究对象非常多，本书的研究注重比较宏观层面的研究，并没有深入研究新型农业经营主体金融支持体系中各个子系统内部的具体运行机制和各类金融工具微观层面的创新设计以及各个系统之间的协同运行机制等问题。

新型农业经营主体是我国未来农业现代化发展的主力军，正处于加快发展壮大过程中，为其提供金融支持并助推其发展壮大的金融支持体系构建和完善还需进一步研究，有些理论和解决方案还有待突破，许多具体细致的研究还有待深化。特别是要随着新型农业经营主体和互联网技术的快速发展，对其金融支持体系中各种金融工具的创新实践和体系内各子系统相互协同配合以及系统运行保障机制完善等方面做进一步拓展和深入研究。

参考文献

［1］生蕾. 都市型现代农业的金融支持问题研究［M］. 北京：中国金融出版社，2015.

［2］中国人民银行农村金融服务研究小组. 中国农村金融服务报告［M］. 北京：中国金融出版社，2017.

［3］郭连强，祝国平. 中国农村金融改革 40 年：历程、特征与方向［J］. 社会科学战线，2017（12）：39-51.

［4］靳淑平. 现代农业视角下的农业信贷需求与供给研究［D］. 北京：中国农业科学院，2015.

［5］PATRICK H T. Financial development and economic growth in under-developed countries［J］. Economic development and cultural change，1966，14（2）：46-58.

［6］SIAMWALLA A，PINTHONG C，POAPONGSAKOM N，et al. The Thai rural credit system：public subsidies，private information，and segmented markets［J］. World bank economic review，1990，4（3）：271-295.

［7］KHANDER S R，FARUQEE R R. The impact of farm credit in Pakistan［J］. Agriculture economics，2003，28（3）：197-213.

［8］MCKINNON R I. Money and capital in economic development［J］. Washington D. C.：Brookings Institution Press，1973.

［9］JESSOP R，DIALLO B，DUURSMA M，et al. Creating access to agricultural finance-based on a horizontal study of Cambodia，Mali，Senegal，Tanzania，Thailand and Tunisia［J］. Agence francaise de développement，2012（6）.

［10］OUATTARA K，GONZALEZ-VEGA C，GRAHAM D H. Village banks，caisses villageoises，and credit union：lessons from client-owned microfinance organizations in West Africa［J］. Economics and sociology occasional paper，2001，5

（2523）：1-95.

[11] WAKILA A M. Technical efficiency of maize farmers in Gombi local government of Adamawa State, Nigeria [J]. Agricultural journal, 2012, (1)：1-4.

[12] VALLESI M, MANELLI A. To visualize the combination between agriculture financial risk and actions to take [J]. Quality-access to success, 2016, 17：585-592.

[13] BENDIG M, GIESBERT L. Innovations in rural and agriculture finance. [J]. Chemosphere, 2016, 156 (491)：341.

[14] 朱守银, 张照新, 张海阳, 等. 中国农村金融市场供给和需求——以传统农区为例 [J]. 管理世界, 2003 (3)：88-95.

[15] 鞠荣华, 宗成峰, 韩青. 我国农村金融市场资金供求分析 [J]. 中国农业大学学报, 2009, 14 (4)：137-142.

[16] 李启宇, 何凡, 李玉妮. 农地流转中的金融抑制与金融创新——基于L市农村金融供求的调查 [J]. 四川理工学院学报（社会科学版）, 2016, 31 (3)：51-59.

[17] 屈晓娟. 结构转型期我国农村资金供求及金融支持分析 [J]. 理论与改革, 2013 (5)：92-94.

[18] 阚立娜, 李录堂, 文龙娇. 金融支持对农地产权流转效率影响的实证研究——以陕西省杨凌示范区为例 [J]. 华东经济管理, 2015, 29 (8)：55-61.

[19] 何广文, 何婧. 金融需求新特征及深化金融服务的路径探讨——基于农业供给侧结构性改革背景 [J]. 农村金融研究, 2017 (4)：19-24.

[20] 黄祖辉, 俞宁. 新型农业经营主体：现状、约束与发展思路——以浙江省为例的分析 [J]. 中国农村经济, 2010 (10)：16-26, 56.

[21] 杨亦民, 叶明欢. 现代农业经营主体培育的金融支持研究 [J]. 湖南社会科学, 2013 (6)：132-134.

[22] 谢玉洁. 破解新型农业经营主体融资困局 [J]. 中国农村金融, 2013 (16)：69-70.

[23] 孙立刚, 刘献良, 李起文. 金融支持新型农业经营主体的调查与思考 [J]. 农村金融研究, 2015 (5)：20-24.

[24] 林乐芬, 法宁. 新型农业经营主体银行融资障碍因素实证分析——基于31个乡镇460家新型农业经营主体的调查 [J]. 四川大学学报（哲学社会科学版）, 2015 (6)：119-128.

［25］汪艳涛，高强，苟露峰. 农村金融支持是否促进新型农业经营主体培育——理论模型与实证检验［J］. 金融经济学研究，2014，29（5）：89-99.

［26］农村金融研究课题组. 农民金融需求及金融服务供给［J］. 中国农村经济，2000（7）：55-62.

［27］李海平. 我国农村金融体系建设的基本原则和主要问题［J］. 中央财经大学学报，2009（6）：43-48.

［28］张荣琴. 完善农村金融服务体系的研究——以哈尔滨市为例［J］. 生产力研究，2010（9）：46-47.

［29］张峰，肖文东. 发达国家农业产业化融资体系建设对我国的启示［J］. 国际金融，2015（5）：69-74.

［30］冯兴元，孙同全. 金融支持乡村振兴战略与多层次农村金融体系探讨［J］. 农村金融研究，2018（12）：19-23.

［31］肖福英. 支持新型农业经营主体发展的金融创新路径［J］. 农业经济，2017（3）：95-97.

［32］张启文，黄可权. 加快推进"两大平原"现代农业金融改革创新［J］. 农业经济与管理，2014（6）：22-28.

［33］江维国. 家庭农场发展中的金融支持体系构建［J］. 南方金融，2014（2）：56-58.

［34］杨大蓉. 浙江新型农业经营主体融资现状及金融创新策略研究［J］. 浙江金融，2014（3）：66-69，74.

［35］何广文，王力恒. 打造"互联网+农业产业链"融资模式［J］. 中国农村金融，2016（11）：27-28.

［36］钱仁汉，解红，侯瑞. 农村土地承包经营权融资方式创新——基于镇江市土地流转信托实践［J］. 区域金融研究，2014（11）：70-75.

［37］孔祥智. 新型农业经营主体的地位和顶层设计［J］. 改革，2014（5）：32-34.

［38］张红宇. 新型农业经营主体发展趋势研究［J］. 经济与管理评论，2015，31（1）：104-109.

［39］李明贤，樊英. 新型农业经营主体的功能定位及整合研究［J］. 湖南财政经济学院学报，2014，30（3）：113-121.

［40］孟丽，钟永玲，李楠. 我国新型农业经营主体功能定位及结构演变研究［J］. 农业现代化研究，2015，36（1）：41-45.

［41］赵海. 新型农业经营体系的涵义及其构建［J］. 农村工作通讯，

2013（6）：48-50.

[42] 孟丽，钟永玲，李楠. 我国新型农业经营主体功能定位及结构演变研究 [J]. 农业现代化研究，2015，36（1）：41-45.

[43] 习近平. 决胜全面建成小康社会 夺取新时代中国特色社会主义伟大胜利——在中国共产党第十九次全国代表大会上的报告 [R]. 北京：人民出版社，2017.

[44] 王磊，张楠，赵海燕. 国内农业产业化龙头企业研究综述 [J]. 农业与技术，2016，36（24）：255-256.

[45] 姜长云. 农业产业化龙头企业在促进农村产业融合中的作用 [J]. 农业经济与管理，2017（2）：5-10.

[46] 农业部 发展改革委 财政部关于加快发展农业生产性服务业的指导意见 [J]. 中华人民共和国国务院公报，2018（7）：67-72.

[47] 李海峰. 中国农村金融发展理论与实践研究 [D]. 长春：吉林大学，2012.

[48] 周小川. 完善法律制度 改进金融生态 [N]. 金融时报，2004-12-07.

[49] 黄国平. 促进城镇化发展的金融支持体系改革和完善 [J]. 经济社会体制比较，2013（4）：56-66.

[50] 江维国. 家庭农场发展中的金融支持体系构建 [J]. 南方金融，2014（2）：56-58.

[51] 梁曙霞，李秀波. 科技型中小企业金融支持体系的构建与作用机制 [J]. 经济问题探索，2012（11）：62-65.

[52] 杨宣，徐鲲，王俊文. 亚洲著名科技园区金融支持体系比较研究 [J]. 科学管理研究，2013，31（5）：117-120.

[53] 张霞. 浙江省家庭农场金融支持的现状、问题及对策研究 [J]. 浙江农业学报，2015，27（6）：1096-1101.

[54] 许爱萍，沈英莉. 中国家庭农场的金融支持：困境、功能定位及体系构建 [J]. 世界农业，2015（8）：38-42，231.

[55] 彭群. 国内外农业规模经济理论研究述评 [J]. 中国农村观察，1999（1）：41-45.

[56] 王爱俭. 金融创新与我国金融改革 [J]. 财经研究，1995（8）：31-34.

[57] 邹新阳. 农村金融学 [M]. 北京：科学出版社，2017.

[58] 贾健，徐展峰，李海平. 农村金融风险分担和利益补偿机制研究

[J]. 金融教学与研究, 2009 (6): 21-24.

[59] 马宇. 金融体系风险分担理论研究综述 [J]. 金融教学与研究, 2006 (1): 5-6, 10.

[60] 邹新阳. 农村金融学 [M]. 北京: 科学出版社, 2017.

[61] 中国人民银行. 央行发布2016年农村地区支付业务发展总体情况 [DB/OL]. (2017-03-17) [2022-06-06]. http://www.gov.cn/shuju/2017-03/17/content_5178336.htm.

[62] 黄可权. 新型农业经营主体金融服务体系创新研究 [D]. 哈尔滨: 东北农业大学, 2017.

[63] 李俊强, 杨兆廷. 新型农业经营主体、金融服务与乡村振兴战略的研究 [J]. 农村金融研究, 2018 (11): 39-43.

[64] 周立. 中国各地区金融发展与经济增长 (1978—2000) [M]. 北京: 清华大学出版社, 2004.

[65] 靳淑平. 现代农业视角下的农业信贷需求与供给研究 [D]. 北京: 中国农业科学院, 2015.

[66] 温涛. 新形势下推进农村金融服务创新的现实思考——基于城乡综合配套改革试验区重庆的调查 [J]. 农业经济问题, 2010, 31 (10): 34-41, 111.

[67] 中国银行业监督管理委员会. 关于调整放宽农村地区银行业金融机构准入政策 更好支持社会主义新农村建设的若干意见 [Z]. 2006-12-20.

[68] 我国村镇银行发展历程及2016年村镇银行经营现状分析[EB/OL]. (2016-09-13)[2022-06-06].http://m.chyxx.com/industry/201609/448430.html.

[69] 赵建梅, 刘玲玲. 信贷约束与农户非正规金融选择 [J]. 经济理论与经济管理, 2013 (4): 33-42.

[70] 张启文, 黄可权. 新型农业经营主体金融服务体系创新研究 [J]. 学术交流, 2015 (7): 130-135.

[71] 林乐芬, 法宁. 新型农业经营主体银行融资障碍因素实证分析——基于31个乡镇460家新型农业经营主体的调查 [J]. 四川大学学报（哲学社会科学版）, 2015 (6): 119-128.

[72] 中国人民银行农村金融服务研究小组. 中国农村金融服务报告2016 [M]. 北京: 中国金融出版社, 2017.

[73] 安毅. 我国期货农业组织模式创新与发展思路 [J]. 经济纵横, 2015 (7): 73-77.

[74] 郭连强，祝国平. 中国农村金融改革 40 年：历程、特征与方向 [J]. 社会科学战线，2017（12）：39-51.

[75] 冷秋平. 湖北省家庭农场融资问题研究 [D]. 荆州：长江大学，2015.

[76] 康书生，鲍静海，李巧莎. 外国农业发展的金融支持——经验及启示 [J]. 国际金融研究，2006（7）：11-17.

[77] 贺磊. 基于系统视角的银行业与保险业协同发展研究 [D]. 长沙：中南大学，2014.

[78] 尹兴宽. 农业保险与农村信贷协同发展研究 [J]. 改革与战略，2016，32（6）：66-69.

[79] 徐翀，刘俊奇，许杨，等. 开发银行和政策性银行服务京津冀协同发展战略路径研究 [J]. 华北金融，2017（1）：39-43.

[80] 高梦柯. 我国新型农村金融机构发展现状分析及对策建议 [J]. 现代经济信息，2014（9）：352，354.

[81] 中国人民银行农村金融研究小组. 中国农村金融服务报告 2016 [M]. 北京：中国金融出版社，2017.

[82] 程艺华. 贷款定价的三个切入点和三个落脚点 [J]. 中国农村金融，2016（4）：19-20.

[83] 李博. 基于国际经验的我国农村土地金融模式创新 [J]. 山西农业大学学报（社会科学版），2018，17（9）：34-41.

[84] 张楠，王凡一. 土地银行对于我国农村土地流转的作用和运行机制 [J]. 税务与经济，2018（4）：35-39.

[85] 郭洁. 土地用途管制模式的立法转变 [J]. 法学研究，2013，35（2）：60-83.

[86] 李怡忻，孟繁瑜. 农村金融创新中土地经营权抵押融资问题研究 [J]. 金融理论与实践，2016（6）：113-118.

[87] 刘屹轩，闵剑，刘忆. "三权分置"下农地经营权抵押融资风险辨识与评价——基于结构方程模型的实证研究 [J]. 宏观经济研究，2019（1）：158-175.

[88] 李博. 基于国际经验的我国农村土地金融模式创新 [J]. 山西农业大学学报（社会科学版），2018，17（9）：34-41.

[89] 申云，张尊帅，李京蓉. 农业供应链金融信贷风险防范研究：综述与展望 [J]. 世界农业，2018（9）：39-44.

[90] 叶爱军. 农业供应链金融助推新型农业发展——辽宁省宽甸农村信用社的供应链金融尝试 [J]. 中国农村金融, 2012 (4): 24-26.

[91] 胡国晖, 郑萌. 农业供应链金融的运作模式及收益分配探讨 [J]. 农村经济, 2013 (5): 45-49.

[92] 吴本健, 罗兴, 马九杰. 农业价值链融资的演进: 贸易信贷与银行信贷的替代、互补与互动 [J]. 农业经济问题, 2018 (2): 78-86.

[93] 段伟常, 胡挺. 供应链金融在现代农业中的应用原理研究 [J]. 金融理论与实践, 2012 (1): 23-27.

[94] 冯延成. 供应链金融助力乡村振兴 [J]. 中国金融, 2018 (10): 60-62.

[95] 关喜华. "农业供应链金融"模式探索与实践——基于龙江银行农业产业金融创新的调研分析 [J]. 银行家, 2011 (11): 110-113.

[96] 吴本健, 罗兴, 马九杰. 农业价值链融资的演进: 贸易信贷与银行信贷的替代、互补与互动 [J]. 农业经济问题, 2018 (2): 78-86.

[97] 吕芙蓉, 李晓宏. 关于互联网金融服务新型农业经营主体的思考与研究 [J]. 农村金融研究, 2017 (8): 31-36.

[98] 李毅. 现代农业供应链协调机制的构建 [J]. 台湾农业探索, 2013 (1): 31-33.

[99] 胡跃飞, 黄少卿. 供应链金融: 背景、创新与概念界定 [J]. 金融研究, 2009 (8): 194-206.

[100] 费梦琪. 基于农业供应链金融视角探究农户融资困境的解决对策 [J]. 农村经济与科技, 2015, 26 (6): 114-116.

[101] 冯延成. 供应链金融助力乡村振兴 [J]. 中国金融, 2018 (10): 60-62.

[102] 费梦琪. 基于农业供应链金融视角探究农户融资困境的解决对策 [J]. 农村经济与科技, 2015, 26 (6): 114-116.

[103] 申云, 张尊帅, 李京蓉. 农业供应链金融信贷风险防范研究: 综述与展望 [J]. 世界农业, 2018 (9): 39-44.

[104] 关喜华. "农业供应链金融"模式探索与实践——基于龙江银行农业产业金融创新的调研分析 [J]. 银行家, 2011 (11): 110-113.

[105] 张雁明. 基于产品创新视角的金融支持新型农业经营主体研究 [D]. 北京: 中国农业科学院, 2016.

[106] 中国人民银行农村金融服务研究小组. 中国农村金融服务报告

2016［M］．北京：中国金融出版社，2017.

［107］江维国，李立清．互联网金融下我国新型农业经营主体的融资模式创新［J］．财经科学，2015（8）：1-12.

［108］许学梅．互联网金融视域下新型农业经营主体融资模式创新［J］．商业经济研究，2017（18）：160-161.

［109］李昊．我国众筹融资平台法律问题顾问［J］．宁夏社会科学，2014（4）：13-18.

［110］吕芙蓉，李晓宏．关于互联网金融服务新型农业经营主体的思考与研究［J］．农村金融研究，2017（8）：31-36.

［111］吴晓光，辛路，单剑锋．互联网金融领域基础设施发展趋势研判［J］．武汉金融，2016（9）：56-58.

［112］陈鹏君，陶永诚，温苗苗．融资租赁创新服务农业现代化的思考［J］．农村金融研究，2015（5）：73-76.

［113］张蕊．国外农村融资租赁发展模式对我国的启示［J］．农村经济，2013（11）：127-129.

［114］李钧，刘语谦，郭东清，等．黑龙江省农机融资租赁业务问题调研［J］．农业发展与金融，2013（3）：28-31.

［115］张海宁，张若雪．融资租赁服务农业产业链发展研究［J］．农村金融研究，2011（7）：30-34.

［116］张蕊．国外农村融资租赁发展模式对我国的启示［J］．农村经济，2013（11）：127-129.

［117］盛和泰．保险服务新型农业经营主体的路径和机制［J］．清华金融评论，2016（8）：92-94.

［118］陈莉芬．农业规模经营主体对农业保险的需求研究［D］．成都：西南财经大学，2016.

［119］高燕华，何小．农业保险大灾风险准备金的计提与保险公司操作实务［J］．财会月刊，2015（17）：104-106.

［120］陈德萍．国外农业保险经验借鉴与中国政策性农业保险制度完善［J］．国际经贸探索，2012，28（6）：88-95.

［121］庹国柱，朱俊生．完善我国农业保险制度需要解决的几个重要问题［J］．保险研究，2014（2）：44-53.

［122］财政部农业部银监会联合印发关于财政支持建立农业信贷担保体系的指导意见［J］．农村工作通讯，2015（17）：10-12.

[123] 陈星贝，周建宇. 我国农业信贷担保体系发展现状、问题与对策 [J]. 农村经济与科技，2017，28（3）：143-145.

[124] 孟庆军，熊检.“保险+期货”模式下农产品价格风险分散机制研究 [J]. 价格月刊，2018（12）：24-30.

[125] 安毅，方蕊. 我国农业价格保险与农产品期货的结合模式和政策建议 [J]. 经济纵横，2016（7）：64-69.

[126] 生蕾. 都市型现代农业的金融支持问题研究 [M]. 北京：中国金融出版社，2015.

[127] 王俊凤，李丹. 我国农业保险立法的路径选择与内容构想 [J]. 农业经济与管理，2013（1）：50-54.

[128] 刘祚祥，王琦. 建立农业产业基金 转变湖南农业发展方式 [J]. 湖南省社会主义学院学报，2013，14（1）：76-79.

[129] 于鹏. 推进农村土地的承包经营权抵押贷款试点工作的实践与思考——以辽宁昌图试点为例 [J]. 农村金融研究，2016（5）：70-72.

[130] 简新华，黄锟. 中国城镇化水平和速度的实证分析与前景预测 [J]. 经济研究，2010，45（3）：28-39.

[131] 钟真，谭玥琳，穆娜娜. 新型农业经营主体的社会化服务功能研究——基于京郊农村的调查 [J]. 中国软科学，2014（8）：38-48.

[132] 孔祥智. 中国农业社会化服务：基于供给和需求的研究 [M]. 北京：中国人民大学出版社，2009.

[133] 亢志华. 农业社会化服务功能、问题分析及构建策略：基于农民增收视角 [J]. 农业科技管理，2018，37（5）：56-59.

[134] 熊磊，胡石其. 小农户和现代农业发展有机衔接的路径找寻：重庆案例 [J]. 当代经济管理，2019，41（7）：31-37.

[135] 赵岩. 农业生产托管的主要模式与工作建议 [J]. 农村经营管理，2017（12）：27-28.

[136] 王雪平，冯书丹，马静雯，等. 健全河南省农业社会化服务体系的问题研究 [J]. 农村·农业·农民（B版），2019（3）：37-41.

[137] 中国人民银行泰州市中心支行课题组，姚金楼. 新型农业经营主体贷款专项统计制度研究 [J]. 金融纵横，2015（7）：77-82.